A ZONA DO DESCONFORTO

JONATHAN FRANZEN

A zona do desconforto

Uma história pessoal

Tradução
Sergio Flaksman

Copyright © 2006 by Jonathan Franzen

Título original
The discomfort zone: a personal history

Capa
Rita da Costa Aguiar

Preparação
Silvia Massimini Felix

Revisão
Marise S. Leal
Mariana Fusco Varella

Dados Internacionais de Catalogação na Publicação (CIP)
(Câmara Brasileira do Livro, SP, Brasil)

Franzen, Jonathan
A zona do desconforto : uma história pessoal / Jonathan
Franzen ; tradução Sergio Flaksman. — São Paulo : Companhia
das Letras, 2008.

Título original : The discomfort zone : a personal history
ISBN 978-85-359-1281-4

1. Escritores americanos - Século 20 - Autobiografia 2. Franzen,
Jonathan I. Título.

08-05726   CDD-813.54

Índice para catálogo sistemático:

1. Escritores : Autobiografia : Literatura norte-americana 813.54

[2008]
Todos os direitos desta edição reservados à
EDITORA SCHWARCZ LTDA.
Rua Bandeira Paulista 702 cj. 32
04532-002 — São Paulo — SP
Telefone: (11) 3707-3500
Fax: (11) 3707-3501
www.companhiadasletras.com.br

*Para
Bob e Tom*

1. Casa à venda

Tinha havido uma tempestade naquela noite em St. Louis. A água se acumulara em fumegantes poças escuras na calçada do aeroporto, e do banco traseiro do táxi eu via os ramos agitados dos carvalhos contra nuvens urbanas que pairavam em baixa altitude. As ruas da noite de sábado estavam saturadas de uma sensação de posterioridade, de atraso — a chuva não caía, já tinha caído.

A casa de minha mãe, em Webster Groves, estava toda escura, com exceção de um abajur ligado a um timer na sala de estar. Assim que entrei, fui diretamente para a prateleira de bebidas e me servi de uma boa dose que vinha me prometendo desde o primeiro de meus dois vôos. Como um viking, eu me sentia com direito a todas as provisões que conseguisse pilhar. Estava à beira de completar quarenta anos, e meus irmãos mais velhos tinham me confiado a tarefa de viajar até o Missouri e escolher um corretor para vender a casa. Pelo tempo que eu fosse ficar em Webster Groves, trabalhando em prol do espólio, a prateleira de bebidas era minha. Toda minha! Assim como o ar-condicionado, que regulei imediatamente numa temperatura gélida. Assim como o freezer da cozinha, que julguei necessário abrir na mesma hora e vasculhar até o fundo, na esperança de encontrar alguma coisa gostosa e rica em ácidos graxos que eu pudesse aquecer e comer antes de ir para a cama. Minha mãe era muito ciosa em matéria de rotular os alimentos com a data em que os congelava. Por baixo de incontáveis sacos de *cranberries*, encontrei uma perca que um vizinho pescador fisgara três anos antes. Por baixo da perca, uma peça de carne assada com nove anos de idade.

Percorri a casa inteira recolhendo as fotos de família de todos os aposentos. O desejo acumulado de me dedicar a essa tarefa era quase tão grande quanto o de tomar aquela primeira bebida. Minha mãe era apegada demais à arrumação formal de suas salas de estar e de jantar para enchê-las de fotografias, mas, por todo o resto da casa, cada peitoril de janela e cada mesinha transformara-se num torvelinho de porta-retratos do tipo mais barato. Enchi uma sacola de compras com o butim recolhido no alto do armário da tevê, mais uma sacola com tudo o que tirei das paredes da sala de estar, como se colhesse as fotografias nos ramos de árvores frutíferas plantadas em filas regulares num pomar. Muitas das fotos eram dos netos, mas eu também aparecia nelas — exibindo um sorriso ortodôntico de brilho metálico numa praia da Flórida, ou com um ar de ressaca em minha formatura da faculdade, ou com os ombros caídos no dia do meu malfadado casamento, ou a um metro de distância do resto da família durante uma viagem de férias ao Alaska em que minha mãe, já perto do fim da vida, decidira gastar boa parte da sua poupança de toda a vida para nos reunir. A foto do Alaska era tão lisonjeira para nove de nós que ela aplicara uma caneta esferográfica azul aos olhos da décima personagem, uma das noras, que tinha piscado no flagrante e agora, com seus olhos disformes de pontos de tinta, exibia um ar monstruoso ou insano.

Pensei comigo que estava fazendo um trabalho importante, despersonalizando a casa antes da chegada do primeiro corretor. Mas, se alguém me perguntasse por que também foi necessário, na mesma noite, empilhar as mais de cem fotos numa mesa do porão e rasgar, cortar, arrancar ou tirar cada foto do seu portaretrato e depois jogar todos os porta-retratos em sacos de compra que enfiei nos armários e guardar todas as fotos em envelopes, para que ninguém pudesse vê-las, se alguém tivesse apontado o quanto eu lembrava um conquistador que se dedica a queimar as igrejas do inimigo e a destruir seus ícones — eu teria de admitir que estava saboreando a propriedade exclusiva da casa.

Eu era a única pessoa da família que passara a infância inteira aqui. Na adolescência, quando meus pais iam sair, eu contava os segundos até poder tomar, provisoriamente, posse plena da casa, e enquanto eles ficavam fora eu sofria muito porque sabia que iam acabar voltando. Nas décadas que se passaram desde então, era com ressentimento que eu vinha acompanhando aquele acúmulo de fotos de família, e sofrendo com a usurpação das minhas gavetas e armários pela minha mãe. Quando ela me pedira para remover da casa meus caixotes de livros e papéis, eu reagira como um gato doméstico em quem ela tivesse tentado instilar algum espírito comunitário. Até parece que a casa era dela...

E era, claro. Aquela era a casa para a qual, cinco dias por mês ao longo de dez meses, enquanto meus irmãos e eu levávamos adiante nossas vidas costeiras, ela voltava sozinha de sua quimioterapia e caía na cama. Foi daquela casa que, um ano depois disso, no início de junho, ela ligou para mim em Nova York e disse que precisava se internar de novo para mais uma cirurgia exploratória, e então rompeu em lágrimas e pediu desculpas por decepcionar a todos e só ser capaz de nos dar más notícias. Foi naquela casa que, uma semana depois de o cirurgião balançar a cabeça desalentado e tornar a costurar seu abdome, ela atormentou a nora na qual mais confiava com perguntas sobre uma vida após a morte, e depois que minha cunhada confessara que a idéia lhe parecia totalmente despropositada por motivos de pura logística, minha mãe, concordando com ela, tinha como que feito uma marca ao lado do item "vida após a morte" e passado para o ponto seguinte na sua lista de coisas a fazer, obedecendo ao seu pragmatismo habitual, abordando as outras tarefas que sua decisão tornara mais urgentes do que nunca, como "convidar as melhores amigas uma a uma e despedir-se delas para sempre". Foi daquela casa que, numa manhã de sábado de julho, meu irmão Bob a levou de carro até sua cabeleireira, que era vietnamita, cobrava barato e a recebeu com as palavras "Oh, sra. Fran, sra. Fran, a senhora está com uma cara *péssima*", e foi para ela que retornou uma hora mais tarde a fim de acabar de se arrumar, porque decidira investir suas milhas longamente guardadas em duas passagens de primeira classe, e uma viagem dessas era uma ocasião em que precisava estar com a melhor aparência possível; desceu do seu quarto adequadamente vestida para a primeira classe, despediu-se da irmã, que tinha vindo de Nova York para que a casa não ficasse vazia depois da saída de minha mãe — para deixar alguém à sua espera — e então seguiu rumo ao aeroporto com meu irmão e voou para o Noroeste, à costa do Pacífico, para o resto de sua vida. A casa dela, por ser uma casa, foi suficientemente mais lenta na morte para funcionar como uma zona de conforto para minha mãe, que precisava se aferrar a alguma coisa maior do que ela mesma, mas não acreditava em entidades sobrenaturais. Sua casa era o Deus pesado (mas não infinitamente pesado) e resistente (mas não eterno) que ela tinha amado e servido e que a amparava, e minha tia tomara a atitude certa ao vir ficar ali naquela hora.

Mas agora precisávamos pôr logo o imóvel à venda. Já estávamos na segunda semana de agosto, e o melhor momento para vender a casa, cujos muitos defeitos (a cozinha minúscula, o quintal desprezível, o banheiro pequeno demais do andar de cima) eram contrabalançados por sua localização na área da escola católica ligada à igreja de Maria, Rainha da Paz. Dada a qualidade das escolas públicas de Webster Groves, eu não entendia por que uma família se dispunha a pagar mais para poder morar naquela área e então poder pagar mais para mandar os filhos a um colégio de freiras, mas havia muitas coisas na condição católica que desafiavam por completo meu entendimento. De acordo com minha mãe, os pais católicos de toda St. Louis viviam formando ansiosas listas de espera naquela área, e sabia-se de famílias de Webster Groves que tinham saído de casa e mudado para outro imóvel dois quarteirões além só para se instalarem dentro de suas fronteiras.

Infelizmente, depois que começava o ano letivo, o que ocorreria daqui a três semanas, os jovens pais já não se mostravam tão ansiosos. Eu sentia alguma pressão adicional para ajudar meu irmão Tom, o inventariante do espólio, a acabar depressa com aquilo. E uma pressão de tipo diferente de meu outro irmão, Bob, que insistira para eu me lembrar que o que estava em jogo ali era dinheiro de verdade. ("Muita gente reduz 782 mil dólares a 770 mil quando negocia, e acha que é basicamente o mesmo número", disse ele. "Mas não, na verdade *são 12 mil dólares a menos.* Você eu não sei, mas, quanto a mim, consigo imaginar muitas coisas que prefiro fazer com 12 mil dólares do que dá-los de presente a algum desconhecido que esteja comprando minha casa.") Mas a pressão mais séria vinha mesmo de minha mãe, que, antes de morrer, deixara bem claro que não havia melhor maneira de honrar sua memória e validar as últimas décadas de sua vida do que vender a casa por uma bela quantia.

Contar sempre fora reconfortante para ela. Não colecionava nada além de bibelôs de Natal de porcelana dinamarquesa e blocos de lançamento de selos americanos, mas guardava listas de todas as viagens que tinha feito, de todo país onde pusera os pés, de cada um dos "Maravilhosos (*Excepcionais*) Restaurantes Europeus" em que tinha comido, de cada cirurgia a que fora submetida, de cada objeto de sua casa incluído nas apólices de seguro e guardado em seu cofre particular do banco. Era sócia fundadora de um clube de investimento de pequenas quantias chamado *Girl Tycoons*, algo como "Garotas Magnatas", cujo desempenho do fundo de ações acompanhava minuciosamente. Nos últimos dois anos de vida, à medida que seu prognóstico piorava, dedicava uma atenção especial ao preço de venda de outras casas nas redondezas, anotando sua localização e a área construída. Numa folha de papel com o título de *Guia para a apresentação ao mercado do imóvel da 83 Webster Woods*, ela compusera um esboço de anúncio da mesma forma que outra pessoa poderia ter composto o rascunho de seu próprio obituário:

> Sólida casa de tijolo em dois pisos três quartos vestíbulo central casa colonial em terreno arborizado perto do final de rua particular sem saída. Tem três quartos, sala de estar, sala de jantar com jardim-de-inverno, sala de estar no piso térreo, copa-cozinha com máquina de lavar louça GE nova etc. Duas varandas cercadas de tela, duas lareiras em funcionamento, garagem anexa para dois carros, sistema de segurança contra arrombamentos e incêndio, pisos de madeira em todos os aposentos e porão subdividido.

No pé da página, depois de uma lista de eletrodomésticos e pequenas reformas recentes, vinha seu palpite final sobre o valor da propriedade: "1999 — valor estim. 350 mil dólares+." Essa cifra era dez vezes maior do que ela e meu pai tinham pagado pelo imóvel em 1965. A casa não só constituía o grosso de seu patrimônio, como era ainda o investimento mais bem-sucedido que jamais fizera. Eu não era uma pessoa dez vezes mais feliz do que meu pai, e os netos dela não tiveram uma formação dez vezes melhor do que a dela. Em que outro aspecto sua vida tivera um resultado comparável ao da valorização daquele imóvel? "Vai ajudar a vender a casa!", exclamara meu pai depois de construir um meio-banheiro em nosso porão. "Vai ajudar a vender a casa!", dissera minha mãe depois de contratar um mestre-de-obras para revestir de tijolos a entrada da frente. Ela repetiu aquela expressão tantas vezes que meu pai acabou perdendo a cabeça e começou a listar os inúmeros melhoramentos que *ele* tinha feito, entre eles o meio-banheiro novo, que ela evidentemente pensava que *não* ia ajudar a vender a casa; e então ele se perguntou em voz alta por que afinal se dera ao trabalho de se ocupar com aquilo todos os fins de semana de não sei quantos anos quando, para "ajudar a vender a casa", bastava revestir de tijolos a entrada da frente! Desde então, ele se recusou a ter qualquer envolvimento com a manutenção da entrada, deixando para minha mãe a tarefa de esfregar os tijolos para tirar o limo e quebrar delicadamente o gelo acumulado durante o inverno. Mas, depois que ele passou a metade dos domingos de todo um mês instalando alto-relevos decorativos em torno do teto da sala de jantar, aparando, engessando e pintando, ambos ficaram admirando o resultado do trabalho e repetindo, inúmeras vezes, com grande satisfação, "vai ajudar a vender a casa".

"Vai ajudar a vender a casa."

"Vai ajudar a vender a casa."

Bem depois da meia-noite, apaguei as luzes do térreo e fui para o meu quarto, que Tom e eu dividimos até ele entrar na faculdade. Minha tia fizera uma certa faxina na casa antes de voltar para Nova York, e depois eu removera todas as fotos de família: o quarto estava pronto para ser mostrado aos compradores. As cômodas e a mesa estavam vazias; os pêlos do carpete estavam cuidadosamente alinhados pela minha tia com o aspirador; as duas camas pareciam ter acabado de ser feitas. E assim eu me espantei, ao tirar minha colcha, quando encontrei alguma coisa no colchão ao lado do meu travesseiro. Era um monte de selos em pequenos envelopes de papel-manteiga: a velha coleção de blocos de selos da minha mãe.

O pacote estava tão escandalosamente fora do lugar que senti um formigamento na nuca, como se, caso me virasse, pudesse me deparar com minha mãe de pé junto à porta. Tinha sido claramente ela quem escondera os selos. Deve tê-lo feito em julho, quando se arrumava para deixar a casa pela última vez. Alguns anos antes, ao lhe perguntar se ela me daria seus velhos blocos de selos, ela me respondeu que eu poderia ficar com o que sobrasse deles depois de sua morte. E é possível que ela temesse que Bob, que colecionava selos, quisesse se apoderar do pacote para si, ou talvez só estivesse cumprindo mais um item da sua lista de coisas a fazer. Mas, de qualquer maneira, ela tinha removido os envelopes de uma gaveta da sala de jantar e os levara para o andar de cima, para o lugar que seria provavelmente eu a próxima pessoa a perturbar. Uma incrível presciência microgerencial! A mensagem particular que aqueles selos representavam, a piscadela cúmplice de olhos que ela me dava enquanto passava a perna em Bob, aquele sinal que me chegava quando o emitente já morrera: não era o olhar íntimo que Faye Dunaway e Warren Beatty trocam em *Bonnie e Clyde* um segundo antes de serem fuzilados, mas era a coisa mais próxima da intimidade que minha mãe e eu jamais conseguiríamos atingir. Encontrar aquele pacote agora equivalia para mim a ouvi-la dizer, "Estou prestando atenção nos meus detalhes. Você está prestando atenção nos seus?"

As três corretoras com quem conversei no dia seguinte eram tão diferentes quanto os três pretendentes de um conto de fadas. A primeira era uma mulher magra de cabelos muito claros da

Century 21, e me deu a impressão de que lhe seria muito difícil dizer qualquer coisa agradável a respeito da casa. Cada aposento parecia causar uma nova decepção para ela e para o seu sócio que recendia fortemente a água de colônia; trocavam idéias em voz baixa sobre "potencial" e "valor agregado". Minha mãe era filha de um dono de bar, nunca terminou a faculdade e tinha um gosto que preferia chamar de Tradicional, mas me parecia improvável que as outras casas oferecidas pela Century 21 pudessem ter uma decoração de *mais* bom gosto. Fiquei aborrecido quando a corretora não se mostrou encantada com as aquarelas parisienses da minha mãe. Enquanto isso, comparava nossa cozinha diminuta com os espaços generosos como hangares que as cozinhas ocupavam nas casas mais novas. Se eu quisesse incluir minha casa entre as que ela tinha para vender, disse-me afinal, sugeriria que eu pedisse entre 340 e 360 mil dólares.

A segunda corretora, uma bela mulher chamada Pat, envergando um elegante conjunto de verão, era amiga de um bom amigo da nossa família e vinha muito recomendada. Chegou acompanhada de sua filha, Kim, que trabalhava com ela. Enquanto as duas se deslocavam de aposento em aposento, parando para admirar precisamente os detalhes de que minha mãe mais se orgulharia, pareciam-me dois avatares da domesticidade de Webster Groves. Era como se Pat estivesse cogitando comprar a casa para Kim; era como se Kim estivesse prestes a chegar à idade de Pat e, a exemplo de Pat, fosse querer uma casa na qual reinava a contenção, e os tecidos e os móveis fossem do estilo certo. Filhos substituindo a mãe, família sucedendo a família, o ciclo da vida suburbana. Sentamo-nos para conversar na sala de visitas.

"A casa é adorável, simplesmente adorável", disse Pat. "Sua mãe cuidava muito bem dela. E acho que podemos conseguir um bom preço, mas precisamos andar depressa. Eu sugeriria estabelecermos o preço de 350 mil dólares, pondo um anúncio já no jornal de terça-feira e começando a receber os interessados no próximo fim de semana."

"E sua comissão?"

"Seis por cento", respondeu ela, olhando firme para mim. "Sei de muita gente que já estaria bastante interessada."

Respondi que lhe daria uma definição no final do dia.

A terceira corretora irrompeu casa adentro uma hora mais tarde. Seu nome era Mike, era uma loura bonita de cabelos curtos mais ou menos da minha idade, e usava um par de jeans da melhor qualidade. Estava totalmente abarrotada de clientes, revelou-me com voz rouca, e vinha da terceira casa aberta a interessados daquele dia, mas, depois que eu lhe telefonara na sexta-feira, ela tinha passado de carro para ver nossa casa e se apaixonara por ela da rua mesmo. A casa tinha um poder de atração *fantástico*, e então ela resolveu que *tinha* de vê-la por dentro e, caramba, era exatamente como ela tinha imaginado — deslocava-se ávida de aposento em aposento — a casa era *encantadora, caía* de tanto charme, por dentro lhe parecia ainda melhor, e ela iria adorar adorar adorar adorar adorar vender aquela casa, e, na verdade, se o banheiro de cima não fosse tão pequeno, poderia conseguir até 405 mil dólares, aquela área da cidade era *tão* boa, *tão* boa — eu sabia da escola Maria, Rainha da Paz, não é? — mas mesmo com o banheiro problemático e com o jardim tão pequenino do quintal ela não ficaria surpresa se conseguisse vender a casa na faixa dos 390, e *além disso* ainda podia fazer outras coisas por mim, normalmente ela cobrava uma comissão de cinco e meio por cento, mas, se o agente do comprador fosse do mesmo grupo que ela, aceitaria ficar só com cinco, e se ela própria fosse a agente do comprador estava disposta a baixar até quatro, meu Deus, ela *adorava* o que minha mãe tinha feito, sabia que ia adorar desde que viu a casa da rua, e queria *muito* aquela casa — "Jonathan, eu quero *muito* esta casa", disse ela, olhando-me bem nos olhos — e, a propósito, só de passagem, não para se gabar, sério, mas tinha sido a corretora número um de imóveis residenciais da área de Webster Groves e Kirkwood nos últimos três anos. Mike me deixou animado. A frente de sua blusa, molhada de suor, a maneira como ela andava com aqueles jeans. Flertou comigo abertamente, admirando minhas ambições, comparando-as favoravelmente às suas próprias (embora as suas não fossem propriamente insubstanciais), sustentando meu olhar e falando sem parar com sua adorável voz rouca. Disse que entendia totalmente por que eu queria ficar vivendo em Nova York. Disse que era raro encontrar alguém que entendesse tanto, como eu obviamente entendia, de *desejo*, de *ânsia*. Disse que ia fixar o preço da casa entre 380 e 385 mil dólares e que esperava começar uma guerra de lances. Ali sentado, ouvindo sua voz enquanto ela se estendia com entusiasmo, eu me sentia um verdadeiro viking.

Não devia ter sido tão difícil telefonar para Pat, mas foi. Ela me dava a impressão de uma mãe que eu me via obrigado a desapontar, a mãe atravessada no caminho, uma consciência incômoda. Ela parecia saber de coisas sobre mim e sobre a casa — coisas realistas — que eu preferia que não soubesse. O olhar que ela me dirigira ao mencionar sua comissão tinha sido cético e avaliador, como se qualquer adulto responsável pudesse ver que ela e a filha eram obviamente as melhores corretoras para aquele caso, mas como se ela não tivesse certeza de que eu seria capaz de perceber aquele fato tão óbvio.

Esperei até as nove e meia, o último momento possível, antes de ligar para ela. Como eu temia, Pat não escondeu sua surpresa e sua contrariedade. Eu me incomodava se ela perguntasse quem era o outro corretor?

Tive especial consciência do sabor e da forma do nome de Mike enquanto ele atravessava minha boca.

"Ah", disse Pat em tom cansado. "Está certo."

Mike tampouco seria a escolha da minha mãe, nem de longe. Eu disse a Pat que a decisão tinha sido difícil, uma escolha complicada, e que eu agradecia ela ter vindo e sentia muito por ela e eu não termos —

"Então, boa sorte", disse ela.

Depois disso, fiz a ligação mais simpática, do tipo estou-livre-na-noite-de-sexta. Mike, em casa, confidenciou-me em voz baixa, como se não quisesse ser ouvida pelo marido. "Jonathan, eu sabia que você ia me escolher. Senti uma ligação entre nós desde o primeiro momento." A única pequena complicação, disse ela, é que tinha planos antigos de uma viagem de férias com o marido e as crianças. Ia viajar na sexta-feira e não poderia começar a mostrar a casa antes do fim do mês. "Mas não se preocupe", afirmou ela.

Cresci no centro do país, em plena época de ouro da classe média americana. Meus pais eram originalmente de Minnesota, mudaram-se para Chicago, onde eu nasci, e por fim se instalaram definitivamente no Missouri, bem no meio do mapa do país. Quando criança, eu dava grande valor ao fato de que nenhum outro estado americano faz divisa com mais estados do que o Missouri (que, como o Tennessee, está ligado a outros oito) e de que reúne entre os seus vizinhos estados tão díspares quanto a Georgia e o Wyoming. O "centro da população" do país — seja qual for o milharal ou a encruzilhada de estradinhas rurais que o censo mais recente identificou como o centro de gravidade demográfica dos Estados Unidos — nunca esteve a mais de poucas horas de carro da nossa casa. Nossos invernos eram mais amenos que os de Minnesota, nossos verões, mais amenos que os da Flórida. E nossa cidade, Webster Groves, ficava na média desse meio. Não era um subúrbio tão próspero quanto Ladue ou Clayton; não era tão próximo da cidade quanto Maplewood ou tão distante quanto Des Peres; cerca de sete por cento da população era de classe média e negra. Webster Groves era, como gostava de dizer minha mãe, ecoando Cachinhos de Ouro, "do tamanho certo". Ela e meu pai tinham se conhecido num curso noturno de filosofia na Universidade de Minnesota. Meu pai trabalhava para a ferrovia Great Northern, e freqüentava as aulas como ouvinte para se distrair. Minha mãe trabalhava em tempo integral como recepcionista num consultório médico, e vinha acumulando lentamente os créditos necessários para um diploma superior em desenvolvimento infantil. Ela começava um dos seus trabalhos, intitulado "Minha Filosofia", descrevendo-se como "uma jovem americana comum — comum, digo, porque tenho interesses, dúvidas, emoções e assim por diante similares aos das moças da minha idade em qualquer cidade americana". Mas em seguida admitia sérias dúvidas em matéria de religião ("Acredito firmemente nos ensinamentos de Cristo, em tudo o que Ele representou, mas não estou convencida do sobrenaturalismo"), dúvidas que revelavam o quanto sua afirmação de que era "comum" estava mais próxima de um *desejo* que de uma realidade. "Não acho que essa dúvida seja a mesma para o mundo como um todo", escreveu ela. "Existe uma clara necessidade de religião na vida dos homens. Digo que está certo para a humanidade, mas, quanto a mim mesma, não tenho certeza." Incapaz de se alinhar com Deus, o Reino dos Céus e a Ressurreição, e incerta quanto a um sistema econômico que produzira a Grande Depressão, ela concluía sua redação apontando a única coisa de que não duvidava: "Acredito com toda a firmeza na vida em família. Sinto que o lar é a base da verdadeira felicidade na América — muito mais do que a igreja ou a escola jamais chegarão a ser".

Por toda a vida, ela detestou estar excluída. Qualquer coisa que tendesse a nos distinguir do resto da comunidade (sua falta de fé, o sentimento de superioridade do meu pai) precisava ser contrabalançada com algum princípio que nos trouxesse de volta para a média e nos ajudasse a ser ajustados. Sempre que ela me falava sobre meu futuro, enfatizava que o caráter da pessoa importava muito mais do que aquilo que ele ou ela conseguisse realizar, e que, quanto mais capacidades a pessoa tinha, mais ele ou ela era devedor da sociedade. As pessoas que a impressionavam eram sempre "altamente competentes", nunca "inteligentes" ou "talentosas", nem mesmo "trabalhadoras", porque as pessoas que se achavam "inteligentes" podiam ser vaidosas, egoístas ou arrogantes, enquanto as pessoas que se consideravam "competentes" nunca deixavam de se lembrar de sua dívida para com a sociedade.

A sociedade americana da minha infância era moldada por ideais da mesma ordem. Por todo o país, a distribuição de renda nunca fora mais eqüitativa e nunca mais tornaria a sê-lo; os presidentes de empresas recebiam normalmente apenas quarenta vezes mais que seu empregado de salário mais baixo. Em 1965, perto do auge da sua carreira, meu pai ganhava 17 mil dólares por ano (um pouco mais que o dobro da renda mediana nacional) e tinha três filhos na escola pública; possuíamos um Dodge de porte médio e uma tevê preto-e-branco de 21 polegadas; minha mesada era de 25 centavos por semana, pagos a cada manhã de domingo; um bom programa de fim de semana consistia em alugar uma máquina de vapor para descolar papel antigo das paredes. Para os liberais, os meados do século passado foram uma época de materialismo acrítico dentro do país, de imperialismo desavergonhado no estrangeiro, de oportunidades negadas às mulheres e às minorias, de violência inominável contra o meio ambiente e de malévola hegemonia do complexo industrial-militar. Para os conservadores, foram uma era de colapso das tradições culturais, de inchaço do governo federal e da criação de impostos que eram um verdadeiro confisco, de uma assistência social e esquemas de aposentadoria que eram quase socialistas. No meio da média, porém, enquanto eu via o antigo papel de parede se desprender em pesadas maçarocas que lembravam pele, cheiravam a polpa e tornavam a grudar nas botas de trabalho do meu pai, não havia nada além da família, da casa, do bairro, da igreja, da escola e do trabalho. Eu vivia encasulado dentro de casulos que, por sua vez, viviam encasulados. Fui o filho temporão a quem meu pai, que todas as noites da semana lia para mim, confessou seu amor pelo burro depressivo Bisonho nas obras de A. A. Milne, e para quem minha mãe, na hora de dormir, cantava uma música de ninar exclusiva que compusera para comemorar meu nascimento. Meus pais eram adversários e meus irmãos eram rivais, e cada um deles se queixava de todos os outros para mim, mas todos concordavam em me achar uma gracinha, e não havia nada neles que eu pudesse não amar.

Preciso dizer que isso não durou muito? À medida que meus pais envelheceram e meus irmãos e eu fugimos do centro geográfico e fomos terminar nas zonas litorâneas, o país como um todo também se afastou do centro em matéria de economia, indo parar num sistema em que, hoje, o um por cento mais rico da população detém dezesseis por cento da renda total do país (em contraste com os oito por cento de 1975). Esta é a hora certa para ser um CEO americano e um péssimo momento para ser o empregado de menor salário desse CEO. A hora certa para ser o Wal-Mart, um péssimo momento para estar no caminho do Wal-Mart; a hora certa para ser um extremista sistemático, um péssimo momento para ser o moderado que o questiona. Um momento fabuloso para os fornecedores na área da defesa, uma merda de momento para ser um reservista; excelente para ter uma cátedra em Princeton, horrível para ser professor-adjunto no Queens College; extraordinário para gerir um fundo de pensão, horroroso para depender de um deles; melhor do que nunca para ser um autor de best-sellers, mais difícil do que nunca para ser um vendedor médio de livros; fenomenal para vencer um torneio de Texas Hold'Em, e miserável para ser viciado em videopôquer.

Numa tarde de agosto, seis anos depois que minha mãe morreu, enquanto uma grande cidade americana era destruída por um furacão, fui jogar golfe com meu cunhado num campinho meio fuleiro das montanhas do norte da Califórnia. Era uma péssima hora para estar em Nova Orleans, mas muito boa para estar ali naquela área do Oeste, onde o clima era perfeito e os Oakland A's, um time mal pago que eu gosto de acompanhar, vinham cumprindo sua série anual de fim do verão em primeiro lugar no torneio. Minha maior preocupação daquele dia era decidir se eu devia me sentir mal por ter saído do trabalho às três da tarde ou se minha mercearia orgânica predileta teria os limões Meyer para as margaritas que eu planejava preparar *après* golfe. À diferença de Michael Brown, o cupincha de George Bush que àquela altura só pensava em sua manicure e nos jantares que reservara para o resto da semana, eu tinha a desculpa de não ser diretor da FEMA, a agência federal de gestão de emergências dos Estados Unidos. A cada bola que eu isolava no meio do mato ou fazia mergulhar na água, meu cunhado gracejava, "Pelo menos você não está sentado no telhado de casa sem água potável, esperando que algum helicóptero passe para recolhê-lo". Dois dias mais tarde, quando voei de volta para Nova York, estava preocupado com as turbulências desagradáveis que o Katrina ainda pudesse criar para o meu vôo, mas a viagem foi especialmente tranqüila, e o tempo na Costa Leste estava quente e sem nuvens.

As coisas vinham bem para mim nos anos que se seguiram à morte de minha mãe. Em vez de estar endividado e morando à mercê das leis de controle de aluguéis da cidade, agora eu era proprietário de um belo apartamento na rua 81 Leste. Ao passar pela porta, depois de dois meses na Califórnia, tive a sensação de entrar no apartamento de outra pessoa. O sujeito que morava ali devia ser algum cidadão próspero de meia-idade com o tipo de vida que, antes de completar quarenta anos, eu sempre invejara de longe, com um vago desdém, desistindo finalmente de imaginar algum modo de conseguir chegar a ela. Era muito estranho ter hoje as chaves do apartamento desse sujeito.

A pessoa que tinha ficado tomando conta da minha casa deixara tudo limpo e arrumado. Sempre preferi pisos de madeira nua e um mobiliário mínimo — ficara farto do Tradicional na mocidade —, e pegara pouquíssimas coisas da casa de minha mãe depois da sua morte. Algumas panelas, álbuns de fotografias, travesseiros. Uma caixa de ferramentas feita pelo meu bisavô. Um quadro de um navio que podia ter sido o *Peregrino da Alvorada*, o navio das *Crônicas de Nárnia* de C. S. Lewis. Uma variedade de objetos menores que eu conservava por lealdade à minha mãe: uma banana de ônix, um prato de doces de porcelana Wedgwood, um abafador de velas de estanho, um abridor de cartas de latão com cabo de nigelo fazendo par com uma tesoura, ambos acomodados numa bainha de couro verde.

Como havia tão poucas coisas no apartamento, não demorei muito para perceber que uma delas — a tesoura da bainha de couro — desaparecera enquanto eu estive na Califórnia. Minha reação foi parecida com a do dragão Smaug em *O hobbit*, quando percebe que falta uma taça de ouro em sua montanha de preciosidades. Dei várias voltas voando pelo apartamento, soltando fumaça pelas ventas. Quando interroguei a pessoa que ficara tomando conta da casa, que me respondeu não ter visto a tesoura, precisei de um grande esforço para não arrancar sua cabeça com uma dentada. Revirei a casa inteira, abri cada gaveta e porta de armário pelo menos duas vezes. Estava enfurecido porque, de todas as coisas que podiam ter desaparecido, eu tinha ido perder logo uma coisa que pertencera à minha mãe.

Também estava enfurecido com os desdobramentos do furacão Katrina. Por algum tempo, naquele mês de setembro, era impossível me conectar à internet, abrir um jornal ou mesmo pegar dinheiro num caixa eletrônico sem me deparar com algum apelo para ajudar as vítimas desabrigadas. O esforço de arrecadação de fundos tinha tamanho alcance, e era tão bem orquestrado, que parecia quase oficial, como aquelas fitas com os dizeres "Apóiem Nossos Soldados" que tinham aparecido em metade dos carros do país da noite para o dia. No entanto, eu achava que ajudar as vítimas desabrigadas do Katrina devia ser obrigação do governo, e não minha. Sempre votei em candidatos que propunham o aumento dos meus impostos, porque achava que pagar impostos era um gesto patriótico e porque a maneira como eu preferiria ser deixado em paz — meu ideal libertário! — era com um governo central bem provido de recursos e bem gerido que me poupasse de ter de tomar uma centena de decisões diferentes quanto à aplicação do meu dinheiro a cada semana. Por exemplo, será que o Katrina tinha sido pior do que o terremoto do Paquistão? Pior do que o câncer de mama? Pior do que a aids na África? Menos pior? E, se menos pior, quanto? Para mim, o ideal era que meu governo decidisse essas coisas.

É bem verdade que os cortes de impostos de Bush tinham deixado algum dinheiro a mais nos meus bolsos, e que mesmo aqueles de nós que não votaram em favor de uma América privatizada ainda eram obrigados a ser bons cidadãos. Mas, como o governo vinha abandonando tantas responsabilidades anteriores, havia agora centenas de novas causas pedindo contribuições. Não era apenas à gestão de emergências e ao controle de enchentes que Bush tinha deixado de dar a devida atenção; tirando o Iraque, havia muito pouca coisa a que ele *não* tivesse deixado de dar a devida atenção. Por que então eu deveria entrar na vaquinha para contribuir com o combate àquela calamidade em especial? Por que dar esse socorro político às pessoas que, a meu ver, estavam destruindo o país? Se os republicanos se opunham tanto a um governo inflado, eles que pedissem aos seus financiadores para dividirem as despesas! E era possível, além do mais, que os bilionários contrários aos impostos e os pequenos empresários contrários aos impostos que elegiam deputados para fazer oposição aos aumentos de impostos no Congresso estivessem todos contribuindo largamente para o esforço de assistência às vítimas, mas me parecia igualmente provável que aquelas pessoas — cuja idéia de injustiça era só poder conservar 2 milhões de dólares dos 2,8 milhões da sua renda anual, e não tudo — estivessem contando em segredo com a decência dos americanos comuns para sustentar o combate aos efeitos do Katrina: estavam nos fazendo de otários. Quando as doações particulares substituem os gastos governamentais, você deixa de ter idéia de quem está pegando carona na onda e quem está pagando mais do que devia.

Tudo isso para dizer o seguinte: meu impulso em favor da caridade estava agora totalmente subjugado por minha indignação política. E eu nem estava feliz de me sentir tão polarizado. Bem que eu *gostaria* de ser capaz de prencher um cheque de doação, porque seria ótimo tirar as vítimas do Katrina da cabeça e tornar a poder dedicar-me a curtir a vida, já que, como bom nova-iorquino, eu me sentia com pleno direito a curtir a vida, pois vivia no alvo número um dos terroristas no Hemisfério Ocidental, o destino preferencial de todo futuro lunático dotado de um artefato nuclear portátil ou de um estoque de vírus da varíola, e porque a vida em Nova York tem a possibilidade de deixar de ser ótima e ficar medonha ainda mais depressa do que ocorrera em Nova Orleans. Eu ainda podia alegar que já estava cumprindo meu papel de cidadão simplesmente por seguir minha vida com os tantos novos alvos que George Bush tinha pintado em minhas costas — e nas costas de todos os nova-iorquinos — ao começar essa guerra que jamais poderá ser vencida no Iraque, esbanjando bilhões de dólares que poderiam ser empregados no combate aos verdadeiros terroristas, galvanizando uma nova geração de jihadistas em torno do ódio à América e aprofundando ainda mais nossa dependência do petróleo estrangeiro. A vergonha e o perigo de ser cidadão de um país que o resto do mundo identificava com Bush: será que já não era um fardo suficiente?

Eu já voltara a Nova York havia duas semanas, entregue a pensamentos dessa ordem, quando recebi um e-mail distribuído em massa por um pastor protestante chamado Chip Jahn. Eu tinha conhecido Jahn e a mulher nos anos 70, e mais recentemente estivera visitando o casal em sua missão no sul do estado de Indiana, onde ele me mostrara suas duas igrejas e sua mulher me deixara montar um de seus cavalos. O cabeçalho dessa mensagem eletrônica era "Missão na Louisiana", o que me deixou com medo de estar diante de mais um apelo por doações. Mas Jahn só estava contando a história dos reboques puxados por trator que os membros de suas igrejas tinham enchido de suprimentos e levado até Louisiana:

> Algumas mulheres da congregação disseram que devíamos mandar um caminhão até lá para ajudar na assistência às vítimas do furacão. A família Foertsch se dispôs a doar um caminhão, e Lynn Winkler e a Winkler Foods se ofereceram para fornecer comida e água...
>
> Nossos planos foram crescendo à medida que as ofertas chegavam. (Um pouco mais de 35 mil dólares em donativos e promessas. Mais de 12 mil só das igrejas de St. Peter e Trinity.) Logo começamos a procurar mais um caminhão e motoristas. Acabou

sendo mais difícil encontrar um e outros do que arrecadar o dinheiro. Larry e Mary Ann Wetzel terminaram pondo seu caminhão às ordens. Phil Liebering ofereceu-se para ser o segundo motorista...

O caminhão de Foertsch puxava o reboque mais pesado, porém mais curto, carregado com água. O caminhão de Larry levava os caixotes de alimentos e comida para bebês. Gastamos quinhentos dólares na compra de toalhas, panos de limpeza e cem colchonetes de espuma no último minuto, por causa da grande resposta ao nosso pedido de donativos. Os dois artigos estavam na lista de pedidos de Thibodaux. Ficaram felizes de nos ver. A descarga foi rápida e eles perguntaram se poderiam usar o reboque de Wetzel para transportar as roupas a um outro armazém, onde podiam descarregá-las com uma empilhadeira e não manualmente...

Ao ler a mensagem de Jahn, senti a vontade, que normalmente jamais sentiria, de pertencer a uma igreja no sul de Indiana, de maneira a poder ter viajado num daqueles caminhões. Seria um pouco incômodo, é verdade, sentar-me na igreja todo domingo e cantar em honra de um Deus no qual não acredito. Ainda assim: não era exatamente isso que meus pais tinham feito todos os domingos de sua vida adulta? Perguntei-me como afinal eu tinha chegado, do mundo deles, àquele apartamento de uma pessoa que nem reconhecia como sendo eu mesmo. Ao longo de todo o outono, sempre que meus olhos pousavam na bainha de couro verde semivazia, a ausência da tesoura voltava a me apunhalar. Eu simplesmente não conseguia acreditar que ela tivesse desaparecido. Meses depois de minha volta, eu ainda vasculhava gavetas e prateleiras dos armários que já tinha revirado três vezes antes.

A outra casa da minha infância era um refúgio de ricos, uma casa ampla, de fachada de vidro e com seis quartos, numa vasta praia de areia branca no chamado "Cabo de Panela" da Flórida, uma estreita faixa de terra que se estende de leste a oeste tendo ao sul o golfo do México e ao norte os estados da Georgia e do Alabama. Além da praia privativa banhada pelas águas do golfo, a casa ainda vinha com o direito de freqüentar o campo de golfe local e fazer algumas pescarias em alto-mar, e também um barril de cerveja refrigerado que os convidados eram estimulados a consumir ilimitadamente; havia um número de telefone a chamar caso o barril alguma vez se esgotasse. Conseguimos tirar férias nessa casa, vivendo como uma família rica, por seis meses de agosto consecutivos, pois a ferrovia em que meu pai trabalhava às vezes comprava equipamentos de manutenção do proprietário. Sem informar ao dono, meus pais também tomavam a liberdade de convidar nossos bons amigos Kirby e Ellie, seu filho David e, numa das vezes, seu sobrinho Paul. Que havia alguma irregularidade nesse arranjo ficava evidente com os apelos anuais que meus pais faziam a Kirby e Ellie, lembrando-lhes que era *extremamente importante* que não chegassem cedo à casa, pelo risco de esbarrarem com o proprietário ou seu representante.

Em 1974, depois que já tínhamos passado férias naquela casa por cinco anos consecutivos, meu pai decidiu que precisávamos parar de aceitar a hospitalidade do seu proprietário. Ele vinha fazendo cada vez mais encomendas dos concorrentes do dono da casa, um fabricante austríaco cujos equipamentos meu pai considerava superiores a qualquer coisa fabricada nos Estados Unidos. No final dos anos 60 ele ajudara os austríacos a entrar no mercado americano, e a gratidão deles havia sido imediata e total. No outono de 1970, a convite da companhia, ele e minha mãe fizeram sua primeira viagem à Europa, visitando a Áustria e os Alpes por uma semana, e depois a Suécia e a Inglaterra por mais uma semana. Nunca descobri se a companhia pagara absolutamente tudo, inclusive as passagens aéreas, ou se só pagava suas refeições e as noites em hotéis de primeira como o Imperial em Viena e o Ritz em Paris, além do Lincoln Continental e do motorista, Johann, que conduziu meus pais por três países e os ajudava com suas compras, nenhuma das quais poderiam ter feito por conta própria. Seus companheiros na viagem eram o representante da empresa nos Estados Unidos e a mulher, Ilse, que, começando ao meio-dia de cada jornada, lhes ensinava a comer e beber como europeus. Minha mãe sentia-se no sétimo céu. Mantinha um diário dos restaurantes, dos hotéis e das atrações panorâmicas —

Almoço no Hotel Geiger "Berchtesgaden" — comida *maravilhosa* & atmosfera espetacular — Schnapps, salsichas que lembravam bacon cru & pão preto no alto da montanha —

e, se tinha alguma idéia de certos fatos históricos por trás do cenário, como as visitas freqüentes de Hitler a Berchtesgaden para escapadas recreativas, não fez qualquer menção.

Meu pai tivera sérias dúvidas em aceitar uma hospitalidade tão generosa dos austríacos, mas minha mãe tanto insistira que ele finalmente tinha ido perguntar a seu chefe, o sr. German, se devia declinar o convite. (E o sr. German tinha respondido, essencialmente, "Está falando sério?".) Em 1974, quando meu pai manifestou alguma reticência quanto ao retorno à Flórida, minha mãe tornou a dobrá-lo. Lembrou que Kirby e Ellie estavam esperando nosso convite e repetiu a expressão "Só mais este ano", até que finalmente, com relutância, meu pai aceitou repetir o plano habitual.

Kirby e Ellie eram ótimos parceiros de bridge, e a viagem teria sido muito tediosa para meus pais só em minha companhia.

Eu era uma presença silenciosa e recolhida no assento traseiro do carro durante toda a viagem de dois dias passando por Cape Girardeau, Memphis, Hattiesburg e Gulfport. Enquanto percorríamos a estrada que levava à casa de praia, numa tarde encoberta ainda mais sombreada pelos assustadores condomínios verticais que estavam sendo construídos a leste, fiquei surpreso ao constatar o quanto estava desanimado com a chegada naquele ano. Eu acabara de completar quinze anos, e estava mais interessado nos meus livros e discos do que em qualquer coisa que pudesse haver naquela praia.

Já estávamos chegando quando minha mãe exclamou, "Oh, não! *Não!*". Meu pai bradou "Merda!" e saiu da estrada, parando o carro atrás de uma duna baixa coberta de relva. Ele e minha mãe — eu nunca tinha visto nada parecido — se abaixaram no assento dianteiro e espiavam por cima do painel.

"Merda!", tornou a dizer meu pai, furioso.

E então minha mãe também disse: "*Merda!*".

Foi a primeira e última vez que a ouvi dizer um palavrão. Mais adiante, junto à entrada da casa, eu vi Kirby de pé ao lado da porta aberta do sedã que tinha com Ellie. Conversava afavelmente com um homem que, compreendi sem perguntar, era o dono da casa.

"Merda!", disse meu pai.

"*Merda!*", exclamou minha mãe.

"Merda! Merda!"

Tinham sido pegos em flagrante.

Exatamente 25 anos mais tarde, a corretora Mike e meu irmão Tom concordaram em fixar o preço da casa em 382 mil dólares. No primeiro fim de semana de setembro, quando cai o feriado do Dia do Trabalho, nos reunimos em St. Louis para uma cerimônia em homenagem à minha mãe, Mike só apareceu por pouco tempo. Parecia ter esquecido o entusiasmo do nosso primeiro encontro — mal falou comigo — e mostrava-se humilde e respeitosa perante meus irmãos. Finalmente recebera os primeiros clientes na casa alguns dias antes e, dos dois possíveis compradores que tinham demonstrado algum interesse, nenhum fizera uma oferta.

Nos dias que se seguiram à cerimônia de despedida, enquanto meus irmãos e eu nos deslocávamos de aposento em aposento e remexíamos em tudo, eu acabara sentindo que aquela casa tinha sido o romance que minha mãe produzira, a história concreta que resolvera contar acerca de si mesma. Começara com o material mais padronizado, do tipo vendido em lojas de departamentos, que tinha adquirido em 1944. Em seguida fora acrescentando e substituindo vários trechos à medida que os recursos permitiram, mandando trocar o forro de sofás e poltronas, acumulando obras de arte cada vez menos horrendas que as gravuras que tinha escolhido aos 23 anos, abandonando seus esquemas de cor inicialmente arbitrários à medida que descobria e refinava as cores internas efetivas que carregava dentro de si como um destino. Avaliava o arranjo dos quadros numa parede como um escritor que ponderasse o uso de um ponto-e-vírgula. Passou ano após ano sentada nos aposentos da casa, perguntando-se como poderiam ficar ainda melhores. O que ela queria era que você entrasse na casa e se sentisse acolhido e encantado pelo que ela tinha feito; ela estava se mostrando a si mesma, através da hospitalidade; ela queria que você quisesse ficar.

Embora a mobília da sua versão final fosse robusta e bem-feita, de madeira boa, bordo e cerejeira, meus irmãos e eu não conseguimos nos forçar a querer o que não queríamos; não me era possível preferir sua mesinha de cabeceira de bordo trabalhado ao caixote de vinho reaproveitado que eu usava ao lado da minha cama em Nova York. No entanto, ir embora e deixar a casa dela tão plenamente mobiliada, tão próxima da maneira como ela sempre quisera que fosse, me dava a mesma sensação assustada de *desperdício* que eu tivera dois meses antes, quando entregara seu corpo ainda íntegro, com suas mãos, seus olhos, seus lábios e sua pele tão perfeitamente intactos e funcionais até pouco antes, aos assistentes do agente funerário para levá-lo e reduzi-lo a cinzas.

Em outubro, contratamos um liqüidante de espólio para determinar um preço para cada uma das coisas que ela deixara. Ao final do mês, as pessoas vieram e fizeram suas compras, e Tom recebeu um cheque de 15 mil dólares, e o liqüidante providenciou para que tudo o que não fora vendido simplesmente desaparecesse, e tentei não pensar nos preços ínfimos e tristes que os bens terrenos da minha mãe tinham conseguido encontrar.

Quanto à casa, fizemos o possível para vendê-la ainda mobiliada. Com o ano letivo já iniciado e sem jovens casais católicos para nos bombardear com ofertas, reduzimos o preço para 369 mil dólares. Um mês depois, à medida que a venda do espólio se aproximava e as folhas de carvalho começavam a cair, tornamos a reduzir o preço, para 359 mil. Por sugestão de Mike, também pusemos um anúncio no jornal em que a casa aparecia sob um manto natalino de neve, com a aparência que minha mãe mais gostava de vê-la retratada, ao lado de uma nova legenda (também sugerida por Mike): UM LAR PARA AS FESTAS. Ninguém apareceu. A casa continuou vazia quase todo o mês de novembro. Nenhuma das coisas que meus pais acharam que ajudaria a vender a casa conseguia vendê-la. Já era dezembro quando um jovem casal apareceu e nos ofereceu misericordiosos 310 mil dólares.

A essa altura, eu já tinha concluído que a corretora Pat teria vendido a casa em meados de agosto pelo preço que minha mãe sugerira. Minha mãe teria ficado chocada se soubesse o quanto menos aceitamos pela casa — e teria vivenciado aquela desvalorização como um golpe de misericórdia em suas esperanças, uma rejeição de sua obra criativa, uma indicação indesejada de sua mediocridade. Mas não foi essa a pior afronta que cometi à sua memória. Agora ela estava morta, afinal. Estava a salvo, fora do alcance, não poderia atingi-la. O que continuava vivo — em mim — era o desconforto de constatar o quanto eu finalmente me desprendera daquele romance em que no passado vivia com tanta satisfação, e como me importei pouco, no fim das contas, com o preço de venda da casa.

Nosso amigo Kirby, ficamos sabendo, tinha conquistado completamente o dono da casa da Flórida, e o barril de cerveja continuava plenamente operacional, de modo que nossa última semana vivendo como gente rica se desenrolou da maneira mais amena possível. Eu passava uma quantidade absurda de tempo sozinho, impelido pelo mesmo tipo de instinto hormonal que, imagino, leva os gatos a comerem grama. Os prédios altos inacabados a leste estavam prontos para pôr um termo ao nosso idílio, mesmo que tivéssemos cogitado em voltar no ano seguinte, mas a transformação daquela praia sossegada e tão acolhedora num centro de alta densidade populacional era uma tamanha novidade para nós que nem tínhamos uma categoria para classificar a perda que isso representava. Eu estudava os esqueletos daquelas torres da mesma maneira como costumava contemplar as nuvens negras que traziam o mau tempo.

Ao final da semana, meus pais e eu seguimos ainda mais para dentro da Flórida, de maneira que eu pudesse ser levado à Disney World. Meu pai era muito zeloso em matéria de equanimidade, e, como meus irmãos tinham certa vez passado um dia na

Disneylândia, muitos anos antes, era impensável que eu não fosse igualmente contemplado com o prêmio equivalente de um dia na Disney World, mesmo que eu estivesse velho demais para isso, mesmo que não tivesse a menor vontade de ir. Pode ser que eu não tivesse me incomodado de ir com meu amigo Manley, ou com minha não-namorada Hoener, para zombar do lugar, subvertê-lo e me permitir gostar da experiência nesses termos. Mas zombar de alguma coisa e subvertê-la na presença dos meus pais estava totalmente fora de questão.

No quarto de hotel onde ficamos em Orlando, implorei à minha mãe que me deixasse usar meus jeans cortados e uma camiseta, mas ela venceu a discussão e cheguei à Disney World com um conjunto de bermudas vincadas e uma camisa esporte à moda de Bing Crosby. Vestido assim, angustiadíssimo de vergonha, eu só movia os pés quando recebia uma ordem direta para fazê-lo. Tudo o que eu queria fazer era ficar sentado no carro lendo. Diante de cada brinquedo temático, minha mãe me perguntava se eu não achava que ia ser divertido, mas eu via os outros adolescentes da fila, sentia seus olhos nas minhas roupas e nos meus pais, minha garganta apertava e eu dizia que a fila estava grande demais. Minha mãe tentava me convencer, mas meu pai não deixava: "Irene, ele não quer entrar neste". E avançávamos sob o sol ardente e difuso da Flórida até a fila seguinte. Ali, novamente, a mesma história.

"Você precisa andar *em alguma coisa*", disse finalmente meu pai, depois que acabamos de almoçar. Estávamos sentados a sotavento de um restaurante enquanto moças de pernas bronzeadas formavam filas para os brinquedos de água. Meus olhos pousaram num carrossel próximo que estava vazio, exceto por alguns bebês.

"Quero andar naquele", disse eu com uma voz inexpressiva. Pelos vinte minutos seguintes, nós três embarcamos e tornamos a embarcar no carrossel sem graça, para que nossos bilhetes de entrada não fossem um total desperdício. Eu não tirava os olhos do piso de metal em placas do carrossel enquanto irradiava vergonha, devolvendo num vômito mental o presente que tinham tentado me dar. Minha mãe, toda a vida uma viajante aplicada, tirou fotos do meu pai e de mim em nossos desconfortáveis cavalinhos, mas por baixo da sua animação forçada estava irritada comigo, pois sabia que era dela que eu estava me vingando, por causa da nossa briga pela questão das roupas. Meu pai, com os dedos agarrando frouxamente a barra que empalava seu cavalo, olhava para a distância com um ar de resignação que resumia sua vida. Não sei como os dois suportavam aquilo. Eu tinha sido seu filho temporão e feliz, e agora tudo o que eu queria era me ver longe deles. Minha mãe me parecia horrendamente conformista e irrecuperavelmente obcecada com o dinheiro e as aparências; meu pai me parecia alérgico a qualquer tipo de diversão. Eu não queria as mesmas coisas que eles. Eu não dava valor ao que eles valorizavam. E estávamos todos igualmente infelizes naquele carrossel, e éramos todos igualmente incapazes de explicar o que acontecera conosco.

2. Dois pôneis

Em maio de 1970, poucas noites antes do ataque da Guarda Nacional que mataria quatro estudantes que protestavam na Universidade Estadual de Kent, meu pai e meu irmão Tom começaram uma briga. Não estavam brigando por causa da Guerra do Vietnã, a que os dois se opunham. A briga devia ser por vários motivos ao mesmo tempo. Mas a questão imediata era o emprego de verão que Tom conseguira. Ele tinha muito talento para o desenho, uma natureza bastante meticulosa, e meu pai o estimulara (pode-se mesmo dizer que o tinha forçado) a escolher uma faculdade entre uma pequena lista daquelas com os melhores cursos de arquitetura. Tom fizera questão de escolher a mais distante delas, a Rice University, e tinha acabado de voltar ao final do seu segundo ano em Houston, onde suas aventuras na cultura jovem do final dos anos 60 o impeliam a formar-se em cinema, e não em arquitetura. Meu pai, entretanto, tinha lhe conseguido um esplêndido emprego de verão na Sverdrup & Parcel, uma das maiores firmas de engenharia de St. Louis, cujo sócio mais velho, o general Leif Sverdrup, fora herói do Corpo de Engenharia do exército americano nas Filipinas. Não deve ter sido fácil para meu pai, que sempre se esquivava de pedir favores, mobilizar os contatos necessários na Sverdrup. Mas o escritório transmitia uma impressão belicosa, com cabelos aparados a máquina e, no geral, uma certa hostilidade a estudantes de cinema de esquerda com calças boca-de-sino, e Tom não quis ir para lá.

No quarto que dividíamos, as janelas estavam abertas e o ar tinha o cheiro abafado de casa de madeira que se manifestava a cada primavera. Eu preferia o não-cheiro de faz-de-conta do ar-condicionado, mas minha mãe, cuja experiência subjetiva da temperatura apresentava uma impressionante consistência com os valores mais baixos nas contas de gás e eletricidade, alegava uma devoção ao "ar fresco", e nossas janelas costumavam ficar abertas até os últimos dias de maio.

Na minha mesa de cabeceira estava o *Peanuts Treasury*, uma compilação grande e grossa, de capa dura, das tiras diárias e dominicais de Charles M. Schulz. Minha mãe me dera o livro no Natal do ano anterior, e desde então era o que eu sempre relia na hora de dormir. Como a maioria dos meninos de dez anos de todo o país, eu tinha uma relação particularmente intensa com Snoopy, o beagle dos quadrinhos. Ele era um animal solitário que não era exatamente um animal, vivendo entre criaturas bem maiores de uma espécie diferente, mais ou menos a mesma coisa que eu sentia em minha casa. Meus irmãos eram menos irmãos do que um par sobressalente e mais divertido de quase-pais. Embora eu tivesse amigos e fosse um lobinho de bom desempenho, passava muito tempo sozinho com animais falantes. Era um releitor obsessivo de A. A. Milne e dos livros de Nárnia e do Dr. Dolittle, e meu envolvimento com minha coleção de bichos de pelúcia era quase inadequado para a minha idade. Outro ponto da minha identificação com Snoopy era que ele também gostava de brincar de animal. Fingia que era um tigre, um abutre ou um puma, um tubarão, um monstro marinho, uma serpente, uma vaca, uma piranha, um pingüim ou um morcego hematófago. Era o egoísta perfeito e despreocupado, entregue às suas fantasias ridículas e adorando capturar a atenção de todos. Numa tira de quadrinhos cheia de crianças, o cachorro era o personagem que eu reconhecia como criança.

Tom e meu pai estavam conversando na sala quando fui para a cama. Agora, em algum momento posterior e ainda mais abafado, depois que eu tinha fechado o *Peanuts Treasury* e ido dormir, Tom entrou ruidosamente em nosso quarto. E gritava, sarcástico: "Essa fase vai passar! Vocês vão me esquecer! Vai ser muito mais fácil! Essa fase vai passar!".

Meu pai estava fora de cena, em algum outro lugar, produzindo sons abstratos. Minha mãe vinha logo atrás de Tom, soluçando em seu ombro, suplicando-lhe que parasse, que parasse. Ele abria as gavetas da cômoda, tornando a arrumar as malas que tinha acabado de desfazer. "Vocês só acham que me querem aqui", disse ele, "mas essa fase vai passar."

E eu?, contrapôs minha mãe suplicante. *E Jon?*

"Vocês acabam superando."

Eu era uma pessoa pequena e fundamentalmente ridícula. Mesmo que me atrevesse a acordar e sentar-me na cama, o que eu poderia ter dito? "Desculpem, mas eu queria dormir"? Fiquei deitado em silêncio, acompanhando os acontecimentos através dos meus cílios. Houve mais idas e vindas dramáticas, em parte das quais pode ser que eu tenha efetivamente dormido. Finalmente, ouvi os pés de Tom ressoando enquanto ele descia a escada e os gritos terríveis da minha mãe, quase guinchos, que o acompanhavam: "Tom! Tom! Tom! Por favor! Tom!". E então a porta da frente fechou com estrondo.

Coisas desse tipo nunca tinham acontecido na nossa casa. A pior briga que eu já tinha assistido ocorrera entre meus irmãos acerca de Frank Zappa, cujas músicas Tom admirava, mas que Bob desrespeitou certa tarde com tamanho desprezo que Tom começou a zombar do conjunto favorito de Bob, The Supremes; o que levou os dois a uma troca de amargas recriminações. Mas uma cena de pranto verdadeiro e raiva declarada era completamente inédita. Quando acordei na manhã seguinte, a memória que eu conservava dela já me parecia de décadas antes — era quase da natureza de um sonho, e totalmente não mencionável. Meu pai tinha saído para o trabalho, e minha mãe me serviu o café-da-manhã sem qualquer comentário. Nem a comida na mesa, nem os comerciais no rádio, nem a caminhada para a escola foram marcantes; no entanto, tudo o que cercava aquele dia me parecia encharcado de terror. Naquela semana, nas aulas da srta. Niblack, estávamos trabalhando na nossa peça da quinta série. O roteiro, que eu escrevera, tinha vários papéis importantes e um personagem muito generoso que eu criara tendo em mente meus próprios talentos de memorização. A ação tinha lugar num barco, envolvia um vilão taciturno chamado sr. Scuba e carecia de qualquer graça, sentido ou moral. Nem mesmo eu, que falava quase o tempo todo, gostava de participar dela. Era tão ruim — e era eu o responsável por ser tão ruim — que se incorporou ao terror generalizado daquele dia.

Havia alguma coisa de terrível na primavera, no fim das contas. O tumulto biológico, o zumbido de *Senhor das moscas*, a lama pululante. Depois da escola, em vez de ficar do lado de fora brincando, levei meu terror de volta para casa e encurralei minha mãe na sala de jantar. Perguntei-lhe como seria no dia da apresentação da peça da minha turma, que se aproximava. Papai estaria na cidade no dia da peça? E Bob? Já teria chegado da faculdade? E Tom? Também estaria em casa? De modo muito plausível, aquela era uma linha de interrogatório bastante inocente — eu estava constantemente ávido de atenção, e sempre dava um

jeito de desviar as conversas para fazê-las tratar de mim mesmo
— e, por algum tempo, minha mãe me deu respostas plausivel-
mente inocentes. Depois de algum tempo, desabou numa cadeira, enterrou o rosto nas mãos e começou a chorar.

"Você não escutou nada ontem à noite?", perguntou ela.

"Não."

"Não ouviu seu pai e Tom gritando? Não ouviu portas batendo?"

"Não!"

Ela me tomou nos braços, a coisa que eu provavelmente mais
temia. Fiquei ali rígido enquanto ela me abraçava. "Tom e seu pai
tiveram uma briga terrível", disse ela. "Depois que você foi dormir. Tiveram uma briga terrível, Tom pegou as coisas dele e saiu
de casa, e não sabemos para onde ele foi."

"Oh."

"Achei que fôssemos ter alguma notícia hoje, mas ele ainda
não ligou, e estou histérica, sem saber por onde ele anda. Estou
histérica!"

Eu me debati um pouco em seus braços.

"Mas nada disso tem a ver com você", disse ela. "É uma coisa entre ele e seu pai e não tem nada a ver com você. Tenho certeza de que Tom vai ficar triste por não ir ver sua peça. Ou talvez, quem sabe, ele volte até sexta-feira e venha assistir."

"Está bem."

"Mas não quero que você conte a ninguém que ele foi embora antes de sabermos onde ele está. Você concorda em não contar para ninguém?"

"Está bem", disse eu, livrando-me dela. "Podemos ligar o ar-
condicionado?"

Eu não sabia, mas uma epidemia se alastrava por todo o país.
Jovens no final da adolescência em subúrbios como o nosso ficavam subitamente incontroláveis, fugiam para outras cidades pa-

ra fazer sexo e deixar de freqüentar a faculdade, ingerindo todas as substâncias em que conseguiam botar as mãos e não só entrando em conflito com os pais, mas rejeitando e aniquilando tudo o que tivesse a ver com eles. Por algum tempo, os pais ficaram tão assustados, surpresos e envergonhados que cada família, especialmente a minha, reagia entrando em quarentena e sofrendo sozinha.

Quando eu subi, meu quarto parecia um quarto de doente superaquecido. O vestígio mais claro que ficara de Tom era o cartaz de *Don't look back* que ele tinha colado com fita adesiva a um dos flancos do seu armário, onde o penteado psicodélico de Bob Dylan sempre atraía um olhar de censura da minha mãe. A cama de Tom, perfeitamente arrumada, era a cama de um garoto ceifado por uma epidemia.

Naquela época agitada, enquanto o chamado conflito de gerações produzia seus estragos no panorama cultural, a obra de Charles Schulz despertava um amor singular. Cinqüenta e cinco milhões de americanos tinham assistido ao especial *O natal de Charlie Brown* em dezembro do ano anterior, com mais de cinqüenta por cento da audiência da tevê. O musical *You're a Good Man, Charlie Brown* estava em seu segundo ano de casas sempre lotadas na Broadway. Os astronautas da Apollo X, em seu ensaio do primeiro pouso lunar, tinham batizado seu veículo orbital e seu módulo de pouso de *Charlie Brown* e *Snoopy*. Os jornais que publicavam as tiras de "Peanuts" reuniam um total de mais de 150 milhões de leitores, havia coletâneas de tiras de "Peanuts" em todas as posições das listas de livros mais vendidos e, se meus amigos servem de indicação, não existia praticamente nenhum quarto de criança nos Estados Unidos onde não houvesse uma cesta de lixo, lençóis ou um cartaz na parede decorado com personagens de "Peanuts". Schulz, por uma ampla margem, era o artista vivo mais famoso do planeta.

Para o espírito da contracultura, o formato dos despojados quadrinhos da tira era a única coisa que as histórias tinham de quadrado. Um beagle de óculos de aviador pilotando uma casa de cachorro e sendo derrubado pelo Barão Vermelho tinha o mesmo poder de afirmação que Yossarian partindo num bote a remo rumo à Suécia. Será que o país não estaria melhor se desse ouvidos a Linus Van Pelt, em vez de acreditar em Robert McNamara? Estávamos na era das flores e crianças, e não das flores e adultos. Mas a tira também atraía os americanos mais velhos. Era invariavelmente inofensiva (Snoopy nunca levantava a perna) e situada num subúrbio seguro e atraente onde os meninos, com exceção de Chiqueirinho, o menino imundo, cuja imagem Ron McKernan do conjunto Grateful Dead adotou com especial empenho, eram todos limpos, falavam direito e vestiam-se de maneira conservadora. Os hippies e os astronautas, os jovens rejeitadores e os adultos rejeitados, punham-se todos de acordo no caso de "Peanuts".

Uma exceção era minha casa. Pelo que eu saiba, meu pai nunca na sua vida leu uma tira de história em quadrinhos, e o interesse da minha mãe pelas tiras ilustradas limitava-se a uma história diária de um painel único chamada "The Girls", cujas matronas genéricas de meia-idade, com seus problemas de peso, seu sarcasmo, suas dificuldades para dirigir e sua fraqueza pelas liquidações das grandes lojas ela achava infinitamente engraçadas.

Eu não comprava revistas em quadrinhos, nem mesmo o *Mad*, mas era um adorador constante nos altares dos desenhos animados da Warner Bros. e do caderno de quadrinhos do *St. Louis Post-Dispatch*. Primeiro eu lia a página em preto-e-branco do caderno, pulando as histórias dramáticas como "Steve Roper" ou "Juliet Jones" e olhando de passagem para "Ferdinando", só para me certificar de que continuava repelente e radical. Na página toda em cores, eu lia as tiras numa ordem rigorosamente inversa às minhas preferências, fazendo o possível para achar graça nos ataques à geladeira de Dagwood Bumstead no meio da noite e me esforçando para ignorar o fato de que Tiger e Punkinhead eram o tipo dos garotos bagunceiros e irrefletidos que eu detestava na vida real, antes de me dar ao luxo de ler minha tira favorita, "A. C.". A história, de Johnny Hart, explorava o humor dos homens das cavernas. Hart extraiu centenas de piadas da amizade entre uma ave incapaz de voar e uma tartaruga conformada que sempre tentava façanhas impossíveis de agilidade e flexibilidade. As dívidas sempre eram pagas em conchas; o jantar era sempre pernil de alguma coisa. Depois que eu terminava "A. C.", não tinha mais nada a ler no jornal.

As histórias em quadrinhos do outro jornal de St. Louis, o *Globe-Democrat*, que meus pais não compravam, sempre me pareceram deinteressantes e estranhas. "Broom Hilda", sobre uma bruxa, e "Funky Winkerbean" e "The Family Circus" eram repelentes, tanto quanto o garoto cujas cuecas estavam parcialmente visíveis, com o nome CUTTAIR escrito a caneta na tira de elástico, e de quem não consegui tirar os olhos ao longo de toda a visita da minha família ao parlamento canadense. Embora "The Family Circus" fosse decididamente sem graça, seus quadrinhos eram claramente baseados na vida real úmida e cheia de bebês de alguém, e visavam uma audiência que reconhecia aquela vida, o que me compeliu a supor a existência de toda uma subespécie da humanidade que achava "The Family Circus" hilariante.

Eu sabia perfeitamente, é claro, por que os quadrinhos do *Globe-Democrat* eram tão ordinários: o jornal que publicava "Peanuts" não precisava de mais *nenhuma* tira boa. Na verdade, eu trocaria a totalidade do *Post-Dispatch* por uma única dose diária de Schulz. Só "Peanuts", a única tira que não recebíamos, falava das coisas que realmente contavam. Nem por um minuto acreditei que as crianças de "Peanuts" fossem mesmo crianças — eram muito mais enfáticas e caricaturalmente *reais* do que qualquer pessoa da minha vizinhança —, mas ainda assim eu encarava suas histórias como despachos que me chegavam de algum universo infantil bem mais substancial e convincente do que o meu. Em vez de jogarem *kickball* e *four square*, como meus amigos e eu, os meninos de "Peanuts" tinham um time de beisebol de verdade, e brigavam a socos de verdade. As relações entre as crianças e Snoopy eram muito mais ricas que as perseguições e mordidas que constituíam minhas relações pessoais com os cães da vizinhança. Catástrofes menores, mas incríveis, muitas vezes envolvendo novas palavras para o seu vocabulário, assolavam os personagens da tira a cada dia. Lucy recebeu bola preta dos Bluebirds. Deu uma tacada lançando tão longe a bola de croqué de Charlie Brown que ele precisou ligar para os demais jogadores de um telefone público. Entregou a Charlie Brown um documento assinado em que jurava nunca mais tirar a bola quando ele fosse chutar, mas "a peculiaridade deste documento", como observava ela no quadrinho final, é que "nunca teve a firma reconhecida". Quando Lucy espatifava o busto de Beethoven em cima do piano de brinquedo de Schroeder, parecia-me estranho e engraçado que ele dispusesse de um armário cheio de bustos idênticos para substituí-lo, mas eu aceitava o fato como humanamente possível, já que Schulz o desenhara.

Logo acrescentei duas outras coletâneas de capa dura igualmente substanciais ao *Peanuts Treasury*: *Peanuts Revisited* e *Peanuts Classics*. Um parente bem-intencionado também me deu um exemplar do best-seller de Robert Short, *O Evangelho segundo Peanuts*, mas não podia ter me interessado menos. "Peanuts" não era um portal para o Evangelho. Era o *meu* evangelho.

Capítulo 1, versículos 1-4, do que eu sabia em matéria de

desilusão: Charlie Brown passa pela casa da Menina Ruiva, objeto de seu perene desejo impossível. Senta-se ao lado de Snoopy e diz, "Quem me dera ter dois pôneis". Imagina que ofereceria um dos pôneis à Menina Ruiva e sairia cavalgando ao seu lado pelos campos, onde se sentaria com ela à sombra de uma árvore. De repente, ele fica zangado com Snoopy e reclama, "Por que você não é dois pôneis?". Snoopy, rolando os olhos, pensa: "Sabia que ia acabar nisso".

Ou Capítulo 1, versículos 26-32, do que eu sabia sobre os mistérios da etiqueta: Linus está exibindo seu novo relógio de pulso para todo mundo. "Relógio novo!", diz ele todo orgulhoso a Snoopy, que, após uma breve hesitação, dá uma lambida no relógio. Os cabelos de Linus se arrepiam todos. "VOCÊ LAMBEU MEU RELÓGIO!", grita ele. "Vai enferrujar! Vai ficar verde! Está estragado!" Snoopy se afasta com um ar ligeiramente intrigado, e pensa, "Achei que seria uma indelicadeza não experimentar".

Ou Capítulo 2, versículos 6-12, do que eu sabia a respeito da ficção: Linus está aborrecendo Lucy, insistindo com ela para que lhe leia uma história. Para livrar-se dele, ela pega um livro, abre ao acaso e diz, "Um homem nasceu, viveu e morreu. Fim!". Joga o livro para um lado, e Linus o pega com gestos reverentes. "Que relato fascinante", diz ele. "Quase dá vontade de ter conhecido o personagem."

A perfeita simplicidade desse tipo de coisa, sua inescrutabilidade, que lembra um koan, deixava-me em transe quando eu tinha dez anos. Contudo, muitas das seqüências mais elaboradas, especialmente as que traziam as humilhações e a solidão de Charlie Brown, só me provocavam uma impressão genérica. Num concurso de soletrar que Charlie Brown vinha esperando, a primeira palavra que lhe pedem para soletrar é *maze* [labirinto]. Com um sorriso complacente, ele responde "M-A-Y-S" [maios]. A turma cai na risada. Ele volta para sua cadeira e apóia a testa na mesa, e, quando a professora pergunta qual é o problema, ele responde aos gritos e acaba na sala do diretor da escola. "Peanuts" era saturado da clareza de Schulz de que, para cada vencedor de uma competição, precisa haver um perdedor, ou vinte perdedores, ou 2 mil, mas eu pessoalmente gostava de vencer e não conseguia entender por que toda aquela preocupação com quem perdia.

Na primavera de 1970, a turma da srta. Niblack estava estudando homônimos, preparando-se para o que ela chamava de Soletração de Homônimos. Pratiquei sem muito entusiasmo a soletração de alguns pares de homônimos com minha mãe, separando "*sleigh*" [trenó] de "*slay*" [matar] e "*slough*" [lamaçal] de "*slew*" [passado de *slay*], da mesma maneira como outros meninos se dedicavam à prática de rebater bolas de beisebol em direção ao meio do campo. Para mim, a única questão que interessava em relação àquele teste era saber quem chegaria em segundo lugar. Um novo garoto entrara para a nossa turma aquele ano, um desafiante miúdo de cabelos pretos chamado Chris Toczko, e cismara que ele e eu éramos rivais acadêmicos. Eu era um menino bem simpático, contanto que você não invadisse meu território. Toczko ignorava de maneira irritante que eu, e não ele, por direito natural, era o melhor aluno da turma. No dia do teste, chegou a me desafiar. Disse que tinha estudado muito e que ia ganhar de mim! Dei-lhe um olhar de cima para baixo e não soube o que dizer. Era evidente que eu importava muito mais para ele do que ele para mim.

Para o teste, nos alinhamos à frente do quadro-negro, a srta. Niblack anunciando os homônimos e meus colegas voltando para os seus lugares à medida que erravam. Toczko estava pálido e tremia, mas tinha estudado seus homônimos. Era o último ainda de pé, além de mim, quando a srta. Niblack anunciou a palavra "*liar*" [mentiroso]. Toczko tremeu e tentou: "L... I...". E eu percebi que tinha vencido. Esperei impaciente enquanto, com uma angústia considerável, ele extraía mais duas letras da medula: "E... R?".

"Sinto muito, Chris, mas isso não forma uma palavra", respondeu a srta. Niblack.

Com um riso agudo de triunfo, nem mesmo esperando que Toczko chegasse de volta ao seu lugar, dei um passo à frente e entoei, "L-Y-R-E! *Lyre* [lira]. Um instrumento de cordas".

Eu nunca duvidara de que iria vencer, mas Toczko tinha me irritado com seu desafio, e eu ficara de sangue quente. Eu era a única pessoa na sala que não percebeu que Toczko estava entrando em crise profunda. Seu rosto ficou muito vermelho e ele começou a chorar, insistindo enraivecido que *"lier"* era *sim* uma palavra.

Eu nem queria saber se era ou não. Eu conhecia meus direitos. Qualquer que fosse a quantidade de homônimos que *"liar"* tivesse em teoria, a palavra que a srta. Niblack queria era claramente *"lyre"*. As lágrimas de Toczko me perturbaram e me decepcionaram, o que deixei muito claro ao pegar o dicionário da turma e mostrar-lhe que não trazia *"lier"*. Foi assim que Toczko e eu fomos parar na sala do diretor da escola.

Foi minha primeira vez. Fiquei interessado ao ver que o diretor, o sr. Barnett, tinha um exemplar do *Webster's International Unabridged* em sua sala. Toczko, pouco maior que o dicionário, usou as duas mãos para abri-lo e virar as páginas até as palavras da letra "L". Postei-me do lado dele e vi o que seu indicador trêmulo e diminuto estava apontando: *lier, n., one that lies (as in ambush)* [subst., pessoa que fica estendida à espera (como numa emboscada)]. Na mesma hora o sr. Barnett nos proclamou co-vencedores do concurso — uma solução conciliatória que não me pareceu nem um pouco justa, pois eu teria sem dúvida acabado com Toczko se o teste tivesse mais uma rodada. Mas sua explosão emocional me deixara assustado, e decidi que podia ser aceitável, daquela vez, deixar outra pessoa ganhar junto comigo.

Poucos meses depois do concurso de soletração de homônimos, logo após o início das férias de verão, Toczko saiu correndo de casa para a Grant Road e foi atropelado e morto por um carro. O pouco que eu sabia àquela altura sobre a maldade do mundo, tinha aprendido principalmente num acampamento que fizera alguns anos antes e em que jogara um sapo vivo na fogueira e ficara olhando enquanto ele encolhia e rolava por uma acha de lenha. Minha memória daquele sapo encolhendo e rolando era *sui generis*, totalmente distinta das minhas outras memórias. Era como um átomo incômodo e nauseante de repreensão que se conservasse dentro de mim. Eu me senti repreendido da mesma forma quando minha mãe, que nada sabia da rivalidade de Toczko comigo, me contou que ele morrera. Ela estava chorando, como tinha chorado pelo desaparecimento de Tom poucas semanas antes. Mandou que eu me sentasse e escrevesse um bilhete de condolências à mãe de Toczko. Eu estava muito desacostumado a levar em conta o estado interior de outras pessoas além de mim, mas era impossível deixar de pensar no que a sra. Toczko estaria sentindo. Embora eu nunca a tivesse conhecido em pessoa, nas semanas que se seguiram imaginava seu sofrimento de maneira tão vívida e incessante que quase conseguia vê-la: uma mulher miúda e magra de cabelos escuros que chorava igual ao filho.

"Tudo o que eu faço me deixa culpado", diz Charlie Brown. Ele está na praia e acabou de jogar uma pedrinha na água, ao que Linus comenta, "Muito bem... Aquela pedra levou 4 mil anos para chegar ao seco, e agora você a jogou de volta na água".

Eu me sentia culpado por Toczko. Eu me sentia culpado pelo sapinho da fogueira. Eu me sentia culpado por não receber bem os abraços da minha mãe quando ela parecia precisar tanto deles. Eu me sentia culpado pelos paninhos de limpeza que ficavam na gaveta de baixo do armário de roupa de cama e mesa, os paninhos mais velhos e mais finos, que quase nunca usávamos. Eu me sentia culpado por preferir minhas melhores bolas de gude, uma toda vermelha e outra toda amarela, meu rei e minha rainha, a todas as outras bolas distribuídas pela minha rígida hierarquia de bolas de gude. Eu me sentia culpado pelos jogos de tabuleiro que não gostava de jogar — Uncle Wiggily, U.S. Presidential Elections, O Jogo dos Estados — e, às vezes, quando os amigos não estavam por perto, eu abria as caixas e examinava as peças na esperança de fazer com que os jogos se sentissem menos negligenciados. Eu me sentia culpado por descuidar do urso de pernas e braços rígidos e pêlo áspero, Mr. Bear, que não tinha voz e não se misturava bem com meus outros bichos de pelúcia. Para evitar sentir-me culpado em relação a eles também, eu dormia com um a cada noite, obedecendo a um rígido esquema de revezamento ao longo da semana.

Nós rimos dos cães dachshund que se agarram às nossas pernas e tentam fornicar com elas, mas nossa espécie é ainda mais autocentrada nas coisas que imagina. Não existe nenhum objeto tão estranho que não possa ser antropomorfizado e seqüestrado para participar de conversas conosco. No entanto, alguns objetos são mais fáceis de lidar do que outros. O problema com Mr. Bear é que ele era mais realisticamente ursino que os outros bichos. Tinha uma personalidade distinta, bravia, feroz; à diferença dos nossos paninhos de limpeza, desprovidos de rosto, ele era nitidamente um Outro. Não admira que eu não conseguisse falar através dele. É mais fácil atribuir uma personalidade cômica a um sapato velho do que, digamos, a uma fotografia de Cary Grant. Quanto mais neutra a superfície, mais fácil nos é preenchê-la com nossa imagem.

Nosso córtex visual é de algum modo condicionado a reconhecer rapidamente os rostos e, em seguida, subtrair depressa deles grandes quantidades de detalhes, concentrando-se em sua mensagem essencial: essa pessoa está feliz? Irritada? Assustada? Os rostos individuais podem variar muito, mas uma careta de desprezo num deles é muito parecida com uma careta de desprezo em outro. As caretas de desprezo são conceituais, e não pictóricas. Nossos cérebros são como cartunistas — e os cartunistas são como nossos cérebros, simplificando e exagerando, dando menos importância aos detalhes faciais do que a conceitos cômicos abstratos.

Scott McCloud, no seu tratado *Desvendando os quadrinhos*, afirma que a imagem que cada um tem de si mesmo quando conversa é muito diferente da imagem que tem da pessoa com quem está conversando. Seu interlocutor pode produzir sorrisos e sinais universais de desaprovação, e eles podem ajudar você a identificar-se emocionalmente com ele, mas ele também tem um determinado nariz, a pele de um determinado tom e os cabelos de um certo jeito, que lembram a você o tempo todo que ele é um Outro. Já a imagem que você tem do seu próprio rosto, em contraste, é altamente caricatural. Quando você se sente sorrir, imagina a caricatura de um sorriso, e não o pacote completo, incluindo a pele, o nariz e os cabelos. É precisamente a simplicidade e a universalidade dos rostos caricaturais, a ausência de detalhes que nos indicam a existência dos Outros, que nos convida a amá-los como amamos a nós mesmos. Os rostos mais amplamente amados (e lucrativos) do mundo moderno tendem a ser caricaturas excepcionalmente básicas e abstratas: Mickey Mouse, os Simpsons, Tintin e — o mais simples de todos, pouco mais de um círculo, dois pontos e uma linha horizontal — Charlie Brown.

A única coisa que Charles Schulz sempre quis ser foi cartunista. Nasceu em St. Paul em 1922, filho único de pai alemão e mãe de origem norueguesa. Boa parte da literatura existente em torno de Schulz enfatiza os traumas charliebrownescos da sua infância e juventude: sua magreza, suas espinhas, sua impopularidade com as garotas no colégio, a inexplicável rejeição de uma pilha de desenhos seus pelo anuário da escola, e, alguns anos mais tarde, a recusa de sua proposta de casamento à Menina Ruiva da vida real, Donna Mae Johnson. O próprio Schulz falava da sua mocidade num tom próximo da indignação. "Levei muito tempo para me tornar um ser humano", disse ele numa entrevista de 1987.

> Eu era visto por muitos como um sujeito meio maricas, o que me incomodava porque, na verdade, não era nada afeminado. Não era um sujeito durão, mas... Era bom em todos os esportes que envolvessem arremessar, golpear ou pegar coisas, ou algo assim. Detestava atividades como a natação, ou cambalhotas e coisas do tipo, de maneira que na verdade eu não era nada maricas. [...Mas] os técnicos eram muito intolerantes, e não havia atividades esportivas que atendessem a todos nós. Assim, nunca me considerei grande coisa e nunca me considerei bonito e não saía com ninguém quando estava na escola, porque pensava: quem iria querer sair comigo? Assim, nem me dava ao trabalho.

Schulz "nem se deu ao trabalho" de entrar para uma academia de belas-artes, também — só teria servido como desestímulo, disse ele, conviver com gente que soubesse desenhar melhor do que ele.

Na véspera da apresentação de Schulz ao Exército, sua mãe morreu de câncer. Mais tarde, Schulz descreveria a perda como uma calamidade da qual ele quase não conseguiu recuperar-se. Durante o período de treinamento básico ele vivia deprimido, recolhido, enlutado. A longo prazo, porém, o Exército foi bom para ele. Schulz entrou para o serviço, lembraria mais tarde, como um "nada", e saiu como primeiro-sargento responsável por um esquadrão de metralhadoras. "Pensei, meu Deus, se isso não é um homem, não sei o que será", disse ele. "E me senti bem comigo mesmo, o que durou uns oito minutos, e depois voltei para onde estou até hoje."

Depois da guerra, ele retornou para o endereço da sua infância, onde ficou morando com seu pai, envolvendo-se intensamente com um grupo de jovens cristãos e aprendendo a desenhar crianças. Pelo resto da vida, virtualmente nunca desenhou adultos. Evitava os vícios adultos — não bebia, não fumava, não falava palavrão — e, em seu trabalho, passava cada vez mais tempo nos pátios e jardins imaginários da sua infância. Era infantil, também, no rigor dos seus escrúpulos e inibições. Mesmo depois de ter se tornado célebre e poderoso, relutava em reivindicar um layout mais flexível para "Peanuts", porque não achava que isso fosse justo com os jornais que vinham sendo seus clientes fiéis. E também achava injusto desenhar caricaturas. ("Se uma pessoa tem um nariz grande", dizia ele, "tenho certeza de que lamenta o fato de ter um nariz grande, e quem sou eu para ficar repisando isso numa caricatura grosseira?") Seu ressentimento com o nome "Peanuts" [literalmente "amendoins", mas, no sentido mais corriqueiro, "coisa sem valor ou importância"], que seus editores tinham dado à tira em 1950, ainda estava vivo no final de sua vida. "Rotular uma coisa que seria o trabalho de uma vida com um nome como 'Peanuts' foi na verdade um insulto", disse ele numa entrevista de 1987. À sugestão de que 37 anos pudessem ter amenizado a ofensa, Schulz respondeu: "Não, não, essa eu nunca perdoei, rapaz".

Será que o gênio cômico de Schulz era produto de suas provações psíquicas? Não há dúvida de que, na meia-idade, o artista era uma massa de ressentimentos e fobias que pareciam atribuíveis, por sua vez, a traumas da mocidade. Era vítima de acessos cada vez mais freqüentes de depressão e vivia numa solidão amarga ("Basta você me falar num hotel para me deixar gelado", disse ele ao seu biógrafo), e, quando finalmente deixou sua Minnesota natal, dedicou-se a replicar seus confortos na Califórnia, construindo para si um rinque de patinação no gelo em que o bar tinha o nome de *Warm Puppy**. Na década de 70, hesitava até em voar de avião a menos que houvesse alguém da família com ele.

Parece um exemplo clássico da patologia que produz grandes obras de arte: ferido na adolescência, nosso herói se refugia para sempre no mundo infantil de "Peanuts".

Mas e se Schulz tivesse decidido transformar-se antes num vendedor de brinquedos do que num artista? Ainda teria levado uma vida tão recolhida e emocionalmente turbulenta? Desconfio que não. Desconfio que o Schulz vendedor de brinquedos teria conseguido construir uma vida normal, da mesma forma que conseguiu levar até o fim seu serviço militar. Teria feito o que fosse necessário para sustentar sua família — implorado uma receita de Valium ao seu médico, tomado algumas doses no bar do hotel.

Schulz não era artista por sofrer. Sofria por ser artista. Insistir em preferir a arte aos confortos de uma vida normal — produzir uma tira a cada dia por cinqüenta anos; pagar o alto preço psíquico que isso representa — é o contrário de ser uma pessoa prejudicada. É o tipo de escolha que só pode ser feita por uma verdadeira torre de fortaleza e sanidade. O motivo para os sofrimentos da mocidade de Schulz parecerem as "fontes" do seu bri-

---

* O nome do rinque faz menção a uma tira famosa de Schulz, "Happiness is a warm puppy" — algo como "Felicidade é um filhote quentinho" —, que se tornou febre e passou a ilustrar inúmeros produtos da linha "Peanuts". A tira, por sua vez, faz menção à música "Happiness is a warm gun", dos Beatles. (N. E.)

lho posterior é que ele tinha o talento e a capacidade de resistência que lhe permitiam enxergar humor nesses episódios. Quase todo mundo passa por sofrimentos na mocidade. O que foi singular na infância de Schulz não foram seus sofrimentos, mas o fato de que ele adorava histórias em quadrinhos desde muito cedo, de que tinha talento para desenhar e de que recebia a atenção concentrada de um pai e uma mãe amorosos.

Todo mês de fevereiro, Schulz desenhava uma tira falando de como Charlie Brown nunca recebia nenhum cartão do Dia de São Valentim.* Schroeder, num dos episódios, reclama com Violet quando ela tenta passar adiante um cartão usado para Charlie Brown, vários dias depois do Dia de São Valentim, e ele tira Schroeder do caminho com um empurrão e as palavras "Não se meta — eu aceito!". Mas a história que Schulz contava sobre a experiência da sua própria infância com o Dia de São Valentim era muito diferente. Quando estava na primeira série, conta ele, sua mãe lhe ajudara a fazer um cartão para cada um dos seus colegas de turma, de maneira que nenhum ficasse ofendido por não ter recebido nada, mas ele ficou encabulado demais para distribuílos pelas caixas dispostas na entrada da sala, de maneira que levou todos de volta para casa. À primeira vista, essa história relembra uma tira de 1957 em que Charlie Brown olha por cima de uma cerca para uma piscina repleta de crianças felizes e depois volta desanimado para casa e senta-se dentro de um balde. Mas Schulz, ao contrário de Charlie Bown, tinha a mãe sempre de plantão — a mãe a quem acaba decidindo entregar toda a sua cesta de cartões. Uma criança com cicatrizes profundas por nun-

---

* Antes que se produza alguma impressão indevida, talvez convenha dizer que o Valentine's Day, dia de São Valentim, 14 de fevereiro, não é exatamente apenas um "dia dos namorados", como às vezes aparece nas traduções, mas antes um "dia dos afetos". (N. T.)

ca ter recebido um cartão do Dia de São Valentim provavelmente não iria desenhar, quando crescesse, tiras adoráveis sobre a dor de nunca receber um cartão. Uma criança assim — e quem nos vem à mente é R. Crumb — poderia acabar desenhando uma caixa de cartões de Dia dos Namorados que se transforma numa vulva que devora os cartões e depois acaba devorando-o também. Isso não quer dizer que o depressivo e fracassado Charlie Brown, a Lucy sádica e egoísta, o Linus com suas estranhas tiradas filosóficas e o obsessivo Schroeder (cujas ambições de porte beethoveniano precisam se manifestar num piano de brinquedo de uma oitava) não sejam todos avatares do próprio Schulz. Mas seu *alter ego* é evidentemente Snoopy; o incansável impostor cuja liberdade se baseia em sua certeza de que no fundo é adorável, o artista volúvel que, por simples prazer, pode se transformar num helicóptero, num jogador de hóquei ou no Beagle Chefe e em seguida, num segundo, antes que seu virtuosismo possa tornar-se antipático ou humilhante, voltar a ser o cãozinho ansioso que só pensa em comida.

Nunca ouvi meu pai contar uma piada. Ocasionalmente ele se estendia na rememoração do dia em que algum colega de trabalho tinha pedido um uísque com coca-cola e um filé de "linguada" num restaurante de Dallas em julho, e era capaz de rir dos seus próprios embaraços, das coisas pouco gentis que dizia às vezes no escritório, dos seus erros mais bobos nos projetos de melhoramentos para a casa; mas na verdade não tinha qualquer senso de humor. Reagia às piadas contadas pelos outros franzindo os olhos ou fazendo uma careta. Quando menino, eu lhe contei uma história que tinha inventado sobre uma companhia de lixo que fora multada por "violações fragrantes". Ele sacudiu a cabeça, com uma expressão impassível, e me disse, "Não é plausível".

Noutra arquetípica tira de "Peanuts", Violet e Patty estão reclamando estereofônica e implacavelmente de Charlie Brown. "VÁ PARA CASA! NÃO QUEREMOS VOCÊ AQUI!" Ele vai embora com os olhos fixos no chão, e Violet observa, "Estranho, Charlie Brown quase nunca ri". Nas poucas vezes em que brincou comigo com uma bola de beisebol, meu pai me arremessava a bola como uma coisa de que desejasse se livrar, um pedaço de fruta podre, e agarrava meus arremessos de volta com um desajeitado movimento de patada. Nunca o vi tocar numa bola de futebol ou num *frisbee*. Suas duas principais distrações eram o golfe e o bridge, e a maneira como usufruía a experiência dos dois era reconfirmar perpetuamente sua incompetência no primeiro e sua extrema falta de sorte no segundo.

Tudo o que ele queria era nunca mais ser criança. Seus pais eram um casal de escandinavos do século XIX, profundamente envolvidos numa luta hobbesiana pela sobrevivência nos pântanos do centro-norte de Minnesota. Seu irmão mais velho, popular e carismático, tinha se afogado num acidente de caça ainda muito jovem. Sua irmã mais nova, meio avoada, bonita e muito mimada, tivera uma única filha, que morrera num acidente de carro aos 21 anos. Os pais do meu pai também morreram num acidente de carro, mas só depois de deixá-lo totalmente coberto de proibições, exigências e críticas suficientes para os cinqüenta anos seguintes. No entanto, ele nunca reclamou dos dois. Nem nunca disse nada de bom sobre eles.

As poucas histórias de infância que ele contava eram do seu cachorro, Spider, e de uma turma de amigos na cidadezinha, com o convidativo nome de Palisade, que seu pai e seus tios tinham construído no meio dos pântanos. A escola secundária local ficava a doze quilômetros de Palisade. Para poder ir à aula, meu pai morou numa pensão durante um ano antes de começar a trafegar entre a escola e sua casa no velho Ford Modelo A do seu pai. Não tinha existência social, e ficava invisível depois das aulas. A garota mais popular da sua turma, Romelle Erickson, devia ser a oradora da turma na formatura, mas a "turma social" do colégio ficara "chocada", contou-me muitas vezes meu pai, quando descobriu que um "jovem caipira", "Earl Como é Mesmo o Nome Dele", tinha conquistado o direito.

Quando se matriculou na Universidade de Minnesota, em 1933, seu pai foi junto com ele e anunciou, no primeiro lugar da fila de matrícula, "Ele vai ser engenheiro civil". E meu pai passou o resto da vida dominado pela inquietação. Depois dos trinta anos, cogitou aflito em estudar medicina; depois dos quarenta, ofereceram-lhe sociedade numa empreiteira que, para a decepção imorredoura da minha mãe, ele não teve a ousadia de aceitar; depois dos cinqüenta e dos sessenta, ele sempre me dizia que jamais deixasse uma empresa explorar meus talentos. No fim das contas, porém, ele passou cinqüenta anos fazendo exatamente o que seu pai mandara.

Depois que ele morreu, encontrei algumas caixas de papéis. A maioria deles nada reveladora, para minha decepção, e de sua infância só havia um envelope pardo em que ele guardara um grosso pacote de cartões do Dia de São Valentim. Alguns eram finos e sem assinatura, outros mais elaborados, formando sólidos de cartolina ou figuras em 3-D quando se desdobravam, e alguns, de "Margaret", vinham até em envelopes de verdade; os estilos iam do vitoriano rural ao art déco dos anos 20. As assinaturas — na maioria dos meninos e meninas da sua idade, uns poucos dos seus primos, um da sua irmã — apareciam todas na caligrafia incerta da escola primária. As declarações mais efusivas vinham do seu melhor amigo, Walter Anderson. Mas não havia muitos cartões dos seus pais, ou qualquer outra amostra ou sinal do afeto deles, em qualquer das caixas.

Minha mãe dizia que ele era "supersensível". Queria dizer que era um homem fácil de magoar, mas sua sensibilidade também era física. Quando ele era jovem, um médico o submetera a um exame que revelara que era alérgico a "quase tudo", inclusive trigo, leite e tomate. Um outro médico, cujo consultório ficava no alto de cinco longos lances de escada, recebeu-o com um teste de pressão sangüínea e declarou imediatamente que ele não tinha a aptidão física necessária para ir combater os nazistas. Ou pelo menos foi o que meu pai me contou, encolhendo os ombros e me dando um sorriso estranho (como que dizendo, "O que eu podia fazer?") quando lhe perguntei por que ele não tinha ido para a guerra. Quando eu ainda era adolescente, já percebia que seu embaraço social e suas sensibilidades tinham sido agravados pelo fato de não ter prestado o serviço militar. Mas ele vinha de uma família de suecos pacifistas, e ficou feliz por não precisar ir à guerra. Também ficou feliz quando meus irmãos conseguiram adiamentos por estarem na faculdade e tiveram sorte quando as convocações se davam por sorteio. Entre seus colegas que eram veteranos de guerra, ele destoava tanto quando a conversa era sobre o Vietnã que nem se atrevia a tocar no assunto. Em casa, em particular, ele admitia de forma agressiva que, se Tom tivesse tirado o número errado, ele próprio teria ido levá-lo de carro para o Canadá.

Tom foi um segundo filho no molde do meu pai. Apresentou uma reação tão violenta a uma queimadura de urtiga que parecia que tinha pegado caxumba. Nascera em meados de outubro, e era sempre o menino mais novo da turma. Na única vez que saiu com uma garota na escola, ficou tão nervoso que esqueceu os ingressos para o jogo de beisebol em casa e deixou o carro em ponto morto na porta enquanto corria para dentro a fim de pegá-los; o carro desceu a ladeira e subiu no meio-fio, atravessando dois níveis de uma horta e indo parar no gramado da frente de um vizinho.

Para mim, a mística de Tom só fez aumentar, porque o carro não só continuou em condições de uso, como ainda não sofreu qualquer estrago. Nem ele nem Bob podiam fazer nada de errado aos meus olhos. Assobiavam e jogavam xadrez com perfeição, brandiam lápis e ferramentas como ninguém, e eram os fornecedores únicos das anedotas e dos dados com que eu conseguia impressionar meus amigos. À margem do texto do exemplar de Tom do *Retrato do artista quando jovem*, ele desenhou uma animação que se acionava manualmente virando as páginas, com duzentos quadros, mostrando uma figurinha de um saltador com vara que ultrapassava seu obstáculo, caía de cabeça no chão e depois era recolhido numa padiola pelo pessoal de socorro, todos figuras simplificadas desenhadas com bastões. Aquilo me pareceu uma obra-prima da arte fílmica e da ciência. Mas meu pai tinha dito a Tom: "Você vai dar um bom arquiteto, escolha uma destas três escolas". E depois: "Você vai trabalhar para Sverdrup".

Tom estava sumido havia cinco dias quando tivemos finalmente notícias suas. Ele ligou no domingo, depois da igreja. Estávamos sentados na varanda, e minha mãe correu todo o comprimento da casa para atender o telefone. E demonstrou um tamanho êxtase de alívio que fiquei encabulado por ela. Tom tinha voltado para Houston de carona, e estava trabalhando na cozinha de uma casa que vendia frango frito, na esperança de juntar dinheiro suficiente para ir ao encontro do seu melhor amigo no Colorado. Minha mãe lhe perguntou várias vezes quando ele ia aparecer em casa, garantindo que era bem-vindo e que não precisaria trabalhar na firma de Sverdrup; mas dava para dizer, mesmo sem ouvir as respostas de Tom, que ele tinha nos superado.

O objetivo de uma tira de quadrinhos, dizia sempre Schulz, é vender jornais e fazer as pessoas rirem. A fórmula pode parecer súplice à primeira vista, mas na verdade é uma declaração de lealdade. Quando I. B. Singer, em seu discurso de aceitação do Prêmio Nobel, declarou que a primeira responsabilidade do romancista é ser um contador de histórias, não disse "um *mero* contador de histórias", e Schulz também não disse "*meramente* fazer as pessoas rirem". Ele mostrava-se leal ao leitor que espera alguma coisa engraçada das páginas de historietas. Quase tudo — protestar contra a fome mundial, fazer graça com certas palavras, transmitir sabedoria, morrer — é mais fácil do que a boa comédia.

Schulz nunca parou de tentar fazer graça. Em torno de 1970, porém, começou a se afastar do humor mais agressivo e a tender para um devaneio melancólico. Tediosas repetições começaram a ocorrer na Snoopylândia com o advento do passarinho Woodstock, nada hilariante, e o beagle nada engraçado Spike. Alguns recursos baratos, como a insistência de Marcie em chamar Patty Pimentinha de "sir", eram reutilizados com freqüência. Pelo final dos anos 80, a tira ficara tão inexpressiva que muitos dos meus amigos mais jovens se mostravam pasmos com minha condição de fã ardoroso. A situação não melhorou muito depois que as antologias posteriores de "Peanuts" começaram a reapresentar fielmente tantas tiras com Spike e Marcie. Os volumes que veiculavam a genialidade de Schulz, as três antologias de capa dura dos anos 60, saíram de catálogo.

Ainda mais danosos à reputação de Schulz foram seus próprios subprodutos de gosto duvidoso. Mesmo nos anos 60, era preciso fazer força para atravessar a parafernália da linha *Warm Puppy* que atravancava as histórias e chegar à graça; os níveis de gracinhas "fofas" dos especiais posteriores de tevê de "Peanuts" me deixavam num mal-estar medonho. O que tinha transformado "Peanuts" no que chegou a ser foram a crueldade e o fracasso, mas ainda assim cada cartão de parabéns de "Peanuts", cada bugiganga ou dirigível precisava mostrar o sorriso doce e amassado de alguém. Na indústria bilionária de "Peanuts", tudo conspirava contra levar Schulz a sério como artista. Muito mais do que Disney, cujos estúdios vinham produzindo kitsch em massa desde o início, Schulz acabou sendo visto como um símbolo da corrupção da arte pelo comércio, que cedo ou tarde acaba pintando uma cara sorridente vendável em tudo o que toca. O admirador que queria vê-lo como artista em vez disso acaba vendo um comerciante. Por que ele não podia ser dois pôneis?

No entanto, é difícil repudiar uma tira de quadrinhos quando as memórias que temos dela são mais nítidas que as memórias de nossa própria vida. Quando Charlie Brown seguia para a colônia de férias, eu ia junto na minha imaginação. Eu o ouvia tentando puxar conversa com o menino que dormia no beliche ao lado, mas que se recusava a responder outra coisa além de "Cale a boca e me deixe em paz". E estava acompanhando com atenção quando ele voltava para casa e gritava para Lucy, "Voltei! Voltei!", ao que Lucy lhe lançava um olhar de tédio e dizia, "Mas você foi para algum lugar?".

Eu próprio fui para uma colônia de férias, no verão de 1970. Mas, além de uma alarmante situação de higiene pessoal que parece ter resultado de minha iniciativa de urinar numa moita de urtiga e que, por alguns dias, julguei tratar-se de um tumor fatal ou da puberdade precoce, minha experiência da colônia de férias não se compara nem de longe à de Charlie Brown. A melhor parte foi chegar em casa e ver Bob esperando por mim, no seu Karmann Ghia novo, no estacionamento da ACM.

A essa altura, Tom também estava em casa. Tinha conseguido chegar à casa do seu amigo no Colorado, mas os pais do rapaz não ficaram nada satisfeitos de abrigar o filho fugido de outra família, de maneira que mandaram Tom de volta para St. Louis. Oficialmente, fiquei muito animado com sua volta. Na verdade, perto dele eu ficava encabulado. Tinha medo de que, caso eu me referisse à sua doença e à nossa quarentena, pudesse desencadear uma recaída. Eu queria viver num mundo de "Peanuts", onde a raiva fosse engraçada e a insegurança, adorável. A menor das crianças dos livros de "Peanuts", Sally Brown, durante algum tempo continuou crescendo, mas depois chegou a um teto de vidro e dali não passou. Eu queria que todo mundo da minha família se desse bem e que nada jamais mudasse; mas, de repente, depois que Tom foi embora, era como se nós cinco tivéssemos olhado em volta e perguntado por que deveríamos continuar juntos, sem que ninguém conseguisse encontrar uma boa resposta.

Pela primeira vez, nos meses que se seguiram, os conflitos entre meus pais se tornaram audíveis. Meu pai chegava em casa nas noites de frio e se queixava de que a casa estava "um gelo". Minha mãe rebatia dizendo que não estava nada fria para quem *tinha passado o dia inteiro cuidando da casa.* Meu pai se dirigia à sala de jantar para regular o termostato e apontava dramaticamente para a "Zona de Conforto" do aparelho, um arco azul-claro situado entre os 22 e os 25 graus. Minha mãe respondia que estava *morrendo de calor.* E eu resolvia, como sempre, não manifestar em voz alta minha suspeita de que a Zona de Conforto tinha mais a ver com a regulagem do ar-condicionado no verão do que da calefação no inverno. Meu pai ajustava a temperatura para 22 e se recolhia à sala de estar, situada diretamente acima da fornalha. Então vinha uma trégua, e depois grandes explosões. Qualquer que fosse o canto da casa em que eu me refugiasse, acabava ouvindo os berros do meu pai, "PARE DE MEXER NO MALDITO TERMOSTATO!".

"Earl, eu não mexi em nada!"

"Mexeu sim! De novo!"

"Eu não achei que tivesse mexido, eu só *olhei* para ele, nem tive a intenção de mudar nada."

"De novo! Você andou mexendo nele de novo! Eu tinha ajustado onde queria. E você baixou a temperatura para 21!"

"Bom, se eu mudei alguma coisa de algum modo, com certeza foi sem a menor intenção. Você também ia estar com calor, se tivesse passado o dia inteiro trabalhando na cozinha."

"Tudo o que peço no final de um longo dia de trabalho é que a temperatura da minha casa esteja ajustada na Zona de Conforto."

"Earl, faz muito calor na cozinha. Você não sabe, porque nunca *entra* aqui, mas faz *muito* calor."

"O *limite mínimo* da Zona de Conforto! Nem mesmo no meio! Mas no limite inferior! Não é pedir muita coisa!"

E eu me pergunto por que a palavra "caricatural" continua soando tão pejorativa. Precisei da metade da minha vida para conseguir ver meus pais como personagens de quadrinhos. E me tornar eu também uma caricatura mais perfeita: que vitória isso iria ser.

Meu pai acabou resolvendo o problema da temperatura por meio da tecnologia. Comprou um radiador portátil para ficar atrás da sua cadeira na sala de jantar, onde no inverno ele era incomodado por correntes de ar que entravam pelas janelas às suas costas. Como tantas das suas compras de aparelhos, o radiador era uma coisinha patética e barata, um ávido devorador de energia elétrica dotado de um ventilador ruidoso e uma boca sorridente alaranjada que roubava o brilho das lâmpadas, abafava as conversas e produzia um cheiro de queimado toda vez que a resistência voltava a se acender. Quando eu já estava na escola secundária, ele comprou um modelo mais caro e mais silencioso. Uma noite, minha mãe e eu começamos a trocar reminiscências sobre o radiador antigo, caricaturando as sensibilidades do meu pai à temperatura, fazendo historietas com os defeitos do radiador, a fumaça e os zumbidos que ele emitia. Meu pai ficou danado e se levantou da mesa. Achou que estávamos nos juntando contra ele. Achou que eu estava sendo cruel, e estava, mas também estava dando um jeito de perdoá-lo.

3. E então chega a alegria

Nós nos reuníamos aos domingos, às cinco e meia. Escolhíamos parceiros, que vendávamos e conduzíamos em alta velocidade por corredores vazios, como uma experiência de confiança mútua. Fazíamos colagens sobre o cuidado com o meio ambiente. Escrevíamos paródias sobre as crises emocionais da sétima e da oitava séries. Cantávamos junto com os conselheiros que entoavam as canções de Cat Stevens. Escrevíamos haikus sobre a amizade e os líamos em voz alta:

Um amigo fica
Até se tudo vai mal —
Uma boa coisa.

Amigo é a pessoa
Com quem você conta
E em quem podé confiar.

E minha contribuição a esse exercício —

Cortei o cabelo
As pessoas acham graça
Mas os amigos não.

— tinha a ver com certas realidades do meu primeiro ano no colegial, e não necessariamente do grupo todo. As pessoas do grupo, mesmo as que eu não achava minhas amigas, não podiam rir assim umas das outras. E esse foi um dos motivos pelos quais entrei, antes de mais nada.

O grupo era chamado Irmandade — sem adjetivos — e era patrocinado pelo Primeira Igreja Congregacional, com alguma ajuda da Igreja Evangélica Unida de Cristo que ficava na mesma rua. A maioria dos jovens de sétima e oitava séries da Irmandade tinha se reunido através da escola dominical da Primeira Congregacional, e se conheciam quase como primos. Tínhamos visto uns aos outros usando diminutos paletós e gravatas com presilhas de metal, ou vestidinhos xadrez com fitas de cabelo de veludo, e tínhamos passado longos minutos sentados nos bancos da igreja olhando para os indefesos pais dos outros enquanto eles rezavam, e uma manhã, no porão da igreja, enquanto entoávamos animados "Jesus ama as criancinhas", todos tínhamos visto uma garotinha de meias-calças brancas molhar-se dramaticamente. Tendo atravessado essas experiências, tínhamos transitado em conjunto para a Irmandade com um mínimo de trauma social.

Os problemas começaram na nona série. Os alunos da nona tinham um grupo separado de Irmandade, como que em reconhecimento do caráter especialmente tóxico da adolescência nesta série, e os primeiros poucos encontros da nona série, em setembro de 1973, atraíram grandes quantidades de novos membros que tinham uma aparência mais elegante, mais dura e mais experiente do que a maioria de nós, meninos congregacionais. Havia garotas com nomes de dar água na boca, como Julie Wolfrum e Brenda Pahmeier. Havia sujeitos com barbas incipientes e cabelos pelo meio das costas. Havia uma loura escultural que ensaiava interminavelmente o acompanhamento ao violão de "The needle and the damage done". Todos esses garotos levantaram as mãos quando nossos conselheiros perguntaram quem estava planejando participar do primeiro fim de semana de retiro no campo do grupo, em outubro.

Também levantei a mão. Era um veterano em matéria de Irmandade, e gostava dos retiros. Mas eu era miúdo, tinha a voz fina e era muito mais articulado do que maduro, e, desse precário ponto de vista, o retiro seguinte parecia menos um acontecimento de Irmandade do que o tipo de festa para o qual normalmente eu não era convidado.

Por sorte, meus pais estavam fora do país. Estavam no meio da sua segunda viagem à Europa, deixando-se receber pelos seus associados austríacos de negócios, tudo pago com dinheiro austríaco. Eu estava passando as três últimas semanas de outubro sob a guarda de várias vizinhas, e coube a uma delas, Celeste Schwilck, levar-me de carro até a Primeira Congregacional no final de uma tarde de sexta-feira. No banco do passageiro do Oldsmobile vinho dos Schwilk, abri uma carta que minha mãe me enviara de Londres. A carta começava com a palavra "Queridíssimo", que minha mãe nunca parece ter percebido que era muito mais invasiva e menos carinhosa do que "Querido". Mesmo que eu estivesse inclinado a sentir falta dela, o que não era o caso, o "Queridíssimo" já bastaria para me lembrar por que não devia sentir falta alguma. Guardei a carta, sem lê-la, no saco de papel em que a sra. Schwilk pusera o lanche que preparara para mim.

Eu usava calças jeans, minhas botas do deserto e minha jaqueta, meu traje anti-ansiedade. No pátio do estacionamento da igreja, trinta e cinco outros jovens em trajes de sarja jogavam *frisbee* e afinavam violões, fumavam cigarros, trocavam sobremesas e competiam por caronas nos carros dirigidos pelos jovens conselheiros mais interessantes. Estávamos indo para Shannondale, um acampamento nas montanhas Ozark, três horas ao sul de St. Louis. Para uma viagem comprida como essa, era imperativo evitar o carro da Morte Social, tipicamente ocupado por meninas vestindo calças muito largas e rapazes cujo senso de humor era abaixo da crítica. Eu não tinha nada contra essas pessoas além de um medo desesperado de ser confundido com um deles. Deixei minhas sacolas numa pilha de bagagem e corri para garantir lugar num carro seguro, com um seminarista de bigode e alguns congregacionalistas calmos e inteligentes que gostavam de jogos de palavras.

No Missouri, era a estação do ano em que o anoitecer caía de repente. Quando voltei para pegar minhas sacolas, não encontrei mais meu lanche. As portas dos carros batiam, os motores estavam sendo ligados. Corri de um lado para o outro interrogando todo mundo que ainda não tinha ido embora. Ninguém tinha visto meu saco de papel? O retiro começara havia cinco minutos e eu já estava perdendo a calma. E isso nem era o pior, porque era bem possível que, naquele exato momento, em um dos carros mais disputados, *alguém estivesse lendo a carta da minha mãe*. Eu me sentia como um oficial da Força Aérea que tivesse perdido uma ogiva nuclear.

Corri de volta para o carro que eu escolhera e contei, exagerando na auto-depreciação, que tinha perdido meu lanche. Mas o seminarista de bigode quase aplaudiu minha perda. Disse que cada pessoa do carro poderia me dar um pouco do seu lanche, e que ninguém ficaria com fome, todos chegariam alimentados. Na escuridão crescente, enquanto saíamos da cidade e tomávamos o rumo sul, as meninas não paravam de me dar comida. E eu tocava seus dedos ao recebê-la.

Em meu único acampamento de escoteiro, dois anos antes, os líderes da Patrulha do Bisão tinham mandado que nós, os calouros, fôssemos armar as barracas debaixo da chuva forte. Eles passavam o tempo com seus amigos das patrulhas mais bem organizadas, que tinham trazido bifes, refrigerantes e acendedores de fogueira à base de parafina, além de grande quantidade de lenha seca e preparada de antemão. Quando nós, os jovens bisões, fizemos uma pausa para nos aquecer, nossos líderes mandaram que voltássemos para as nossas barracas encharcadas. Mais tarde, naquela mesma noite, o chefe da tropa nos consolou com suas piadas de Silly Sally que os escoteiros mais velhos nem se dignavam a escutar. ("Um dia, quando Silly Sally estava na floresta, um velho disse a ela, 'Silly Sally, quero que você tire a roupa toda!', e ela respondeu, 'Ora, que bobagem, duvido que ela vá caber em você!'.") Ao final do acampamento, voltei para casa molhado, faminto, cansado, imundo e furioso. Meu pai, que detestava tudo o que era militar, teve muito gosto em pedir minha dispensa dos escoteiros, mas insistiu para que eu participasse de alguma atividade, e minha mãe sugeriu a Irmandade.

Nos acampamentos da Irmandade havia meninas de camiseta curta e bermudas. A cada mês de junho, o grupo de sétima e oitava séries seguia até Shannondale para passar cinco dias, e fazia trabalhos de manutenção para a igreja de lá, usando foices e rolos de pintor. O acampamento ficava perto do rio Current, um curso de água alimentado por nascentes próximas e de fundo de cascalho pelo qual fazíamos um passeio de barco a cada ano. Em meu primeiro verão, depois de todas as decepções sociais da sétima série, eu queria adquirir uma imagem mais resistente e ficar mais estúpido, o que tentava fazer exclamando, o tempo todo, "Filho da *mãe*!". Flutuando no Current, eu me deslumbrava com cada panorama verde: "Filho da *mãe!*". Isso irritou meu companheiro de canoa, que, a cada repetição, respondia não menos mecanicamente, "Ah, você é mesmo".

Nossa canoa era do tipo que chamávamos de "frita-coxas", um verdadeiro forno refletor de alumínio. No dia seguinte ao passeio de barco, eu estava mais vermelho que o ruivo Bean da sétima série, mas não tão vermelho quanto o garoto mais popular da oitava série, Peppel, em cujas costas atrozmente queimadas de sol Bean derramou uma tigela cheia de canja que tinha acabado de sair da panela. Era o destino de Bean protagonizar desastres dessa ordem. Tinha uma voz esganiçada, uma sensibilidade extrema e passava por maus bocados o tempo todo na Irmandade, onde a ética dominante de honestidade e crescimento pessoal dava a rapazes como Peppel a licença de gritar, "Jesus Cristo, você não é só desajeitado fisicamente, mas também é desastrado com os sentimentos dos outros! Você precisa aprender a levar os outros em consideração!".

Bean, que também era escoteiro, abandonou a Irmandade logo depois disso, transformando a mim e à minha falta de jeito nos próximos alvos irresistíveis para a sinceridade alheia. Em Shannondale, no verão seguinte, eu estava jogando cartas com MacDonald, da sétima série, uma garota de modos felinos cujos óculos de vovó e cabelos frisados à moda de Carole King me atraíam e ao mesmo tempo me deixavam nervoso e, num momento de inspiração típico de Bean, achei que seria engraçado espiar as cartas de MacDonald quando ela se afastou para ir ao banheiro. Mas ela não viu a menor graça naquilo. Sua pele era tão clara que todas as emoções que experimentava, por mais amenas que fossem, acabavam por se manifestar na forma de algum grau de enrubescimento. Ela começou a me chamar de "Trapaceiro", mesmo depois de eu insistir em dizer, com uma careta culpada, que não tinha visto suas cartas. E me chamou de "Trapaceiro" pelo resto da temporada. Sempre que íamos embora de Shannondale, escrevíamos bilhetes de despedida uns para os outros, e o bilhete de MacDonald para mim começava *Meu Caro Trapaceiro*, e concluía dizendo: *espero que um dia você aprenda que existem mais coisas na vida além da desonestidade.* Quatro meses mais tarde, eu ainda não aprendera a lição. O bem-estar que senti depois que voltei a Shannondale já na nona série, usando jeans e correndo pelos bosques no meio da noite, era adquirido principalmente de forma fraudulenta. Eu precisava fingir que era um garoto para quem era natural dizer "merda" o tempo todo, que nunca tinha escrito um trabalho do tamanho de um livro sobre fisiologia vegetal, que não gostava de calcular magnitudes estelares absolutas em sua nova calculadora Texas Instruments com seis funções, do contrário podia me surpreender exposto da mesma forma que me ocorrera pouco antes na aula de inglês, quando um atleta da turma me acusara de preferir o dicionário a qualquer outro livro, e meu velho amigo Manley, para quem eu me voltara à espera de uma refutação daquela calúnia devastadora, sorrira para mim e confirmara em voz baixa, "É isso mesmo, Jon". Entrando às pressas no alojamento dos meninos em Shannondale, identificando as bagagens do carro da Morte Social e procurando o beliche mais distante deles que pude encontrar, confiei no fato de que meus amigos de Irmandade eram de escolas diferentes da minha e não sabiam que eu era a Morte Social em pessoa.

Do lado de fora, eu ouvia o movimento dos grupos fechados caminhando pelo cascalho silicoso das Ozarks. No centro comunitário de Shannondale, num aglomerado de garotas da Irmandade com cabelos inspirados em capas de discos e personalidades doces como são doces as áreas onde um pêssego fica amassado, dois sujeitos desconhecidos com casacos militares chamavam e respondiam em voz bem alta e afeminada. Um deles tinha cabelos escorridos e hormônios suficientes para um Fu Manchu coberto de pêlos. E chamava, "Queridíssimo Jonathan!". O outro sujeito, de cabelos tão claros que parecia não ter sobrancelhas nem cílios, respondia, "Oh, queridíssimo Jonathan!".

"Heh heh heh. Queridíssimo Jonathan."

"Queridíssimo Jonathan!"

Dei meia-volta e corri na direção do mato. Enveredei pelos galhos podados e me escondi no escuro. O retiro acabara de se transformar oficialmente num desastre. Servia um pouco de consolo que na Irmandade eu fosse chamado de Jon, nunca de Jonathan. Até onde aqueles sujeitos grossos sabiam, o "Queridíssimo Jonathan" podia ser qualquer um. O "Queridíssimo Jonathan" ainda podia estar em Webster Groves, procurando seu saco de papel. Se de algum modo eu conseguisse evitar os dois ladrões por todo o fim de semana, pode ser que eles nunca descobrissem de quem era o lanche que tinham subtraído.

Os ladrões ainda facilitaram minha vida, quando o grupo se reuniu no centro comunitário, mantendo-se juntos e sentando-se fora do círculo da Irmandade. Cheguei tarde, de cabeça baixa, e me instalei no lado antípoda do círculo, onde tinha amigos.

"Se vocês quiserem fazer parte deste grupo", disse o pastor da juventude, Bob Mutton, para os ladrões, "entrem no círculo."

Mutton não tinha medo de sujeitos durões. Usava um casaco militar e falava ele próprio como um sujeito durão. Qualquer pessoa que o desafiasse acabava parecendo infantil, e não bacana. Mutton supervisionava toda a operação da Irmandade, com seus 250 meninos e várias dúzias de conselheiros, e tinha uma assustadora semelhança com Jesus — não o Jesus renascentista, com o longo nariz helênico, mas o Jesus mais atormentado do gótico do Norte. Os olhos de Mutton eram azuis e muito juntos debaixo de sobrancelhas espessas e de expressão sofredora. Tinha cabelos castanhos crespos que caíam em cachos sobre a gola da camisa e pela testa numa massa informe, e seu cavanhaque era uma densa mata arruivada onde costumava inserir charutos Hauptmann. Quando não estava fumando ou mascando um charuto, sempre trazia nas mãos uma revista enrolada, alguma ferramenta de lareira ou uma vara ou uma batuta, com que estava sempre batendo na palma oposta. Quando falava com ele, a pessoa nunca sabia ao certo se Mutton ia rir, balançar a cabeça e concordar com você ou arrasá-lo com seu julgamento favorito: "Isso é... uma *tremenda babaquice*".

Como praticamente tudo o que saía da minha boca era babaquice, eu sempre tentava manter uma certa distância de Mutton. A Irmandade era uma turma onde eu nunca haveria de ser o melhor aluno; eu me contentava em tirar B e C em honestidade e franqueza. No primeiro exercício da noite, em que cada um devia revelar de que maneira planejava crescer naquele retiro, apresentei a inofensiva meta de "desenvolver novas relações". (Meu objetivo principal era *evitar* certas novas relações.) Em seguida, o grupo se dividiu em várias duplas e turmas menores para exercícios de desenvolvimento da sensibilidade. Os conselheiros tentavam nos misturar, separar os grupos e forçar novas interações, mas eu tinha muita prática na escolha, procurando selecionar rapidamente parceiros que não eram nem Mortais nem meus melhores amigos, e lancei mão de toda a minha técnica para evitar a companhia dos ladrões. Sentei-me diante de um queridinho das professoras, um menino bom com uma tendência infeliz a falar de Gandalf o tempo todo, fechei meus olhos e apalpei seu rosto com as pontas dos dedos, deixando que ele tocasse o meu. Formamos grupos de cinco e entrelaçamos nossos corpos para criar máquinas. Reagrupamo-nos todos e nos deitamos num círculo em ziguezague, a cabeça na barriga da pessoa ao lado, e rimos coletivamente.

Fiquei aliviado ao ver que os ladrões participavam desses

exercícios. Depois que você deixa um desconhecido apalpar seu rosto, mesmo que franzindo as sobrancelhas ou ostentando um sorriso de escárnio, fica mais envolvido no grupo e com uma tendência reduzida a ridicularizá-lo na segunda-feira. Percebi também que os exercícios custavam mais aos ladrões do que a mim: gente que rouba sacos de lanche dos outros só podia ser muito mais infeliz do que eu. Embora fossem obviamente meus inimigos, eu invejava seus cabelos compridos e suas roupas rebeldes, que minha família não me deixava usar, e meio que admirava a pureza da sua ira adolescente, que contrastava com minha mistura de vergonha, tolice e pura pose. Parte da razão do medo que eu sentia de garotos como aqueles é que eles me pareciam autênticos.

"Só um lembrete", disse Mutton antes que nos dispersássemos para passar a noite. "As três regras daqui são nada de bebida. Nada de sexo. E nada de drogas. E também, se você descobrir que *outra pessoa* desobedeceu a uma das regras, precisa vir contar para mim ou outro conselheiro. Caso contrário, é como se você mesmo tivesse desobedecido à regra."

Mutton percorreu o círculo com um olhar ameaçador. Os ladrões de lanche pareciam estar achando muita graça.

Já adulto, sempre que digo as palavras "Webster Groves" a pessoas que acabei de conhecer, muitas vezes me informam que cresci numa cidade de prosperidade sufocante, insular e conformista, com uma hierarquia social implacável. As vinte e tantas pessoas que já me fizeram essa declaração ao longo dos anos devem ter passado, ao todo, uns vinte minutos em Webster Groves pela minha estimativa, mas todas fizeram faculdade nos anos 70 e 80, e um dos pontos obrigatórios dos currículos de Sociologia daquela época era um documentário da CBS, produzido em 1966 e intitulado *16 in Webster Groves*. O filme, uma experiência pioneira de sociologia do horário nobre, abordava as atitudes dos adolescentes de dezesseis anos que viviam nos subúrbios. Eu tentava explicar que a Webster Groves mostrada no programa tem pouquíssima semelhança com a cidadezinha simpática e despretensiosa onde cresci. Mas não adianta contrariar a televisão; as pessoas sempre responderam com um olhar de desconfiança, ou hostilidade, ou pena, como se eu me obstinasse a negar a realidade.

Segundo o apresentador do documentário, o jornalista Charles Kuralt, a Webster Groves High School era governada por uma pequena elite dos chamados "*soshies*" [de *social*, em inglês pronunciado "*soshial*"], que tornavam a vida descolorida e marginal para a grande maioria dos estudantes que não fossem "capitães do time de futebol", "líderes de torcida" ou "rainhas dos bailes". As entrevistas com esses todo-poderosos *soshies* revelava um corpo de alunos que só pensava nas notas, em carros e dinheiro. O documentário da CBS exibia repetidos flashes das maiores casas de Webster Groves; das milhares de casas menores e médias da cidade não aparecia imagem alguma. Por nenhuma razão aparente além do mero gosto pelo grotesco visual, os produtores do documentário decidiram aproveitar quase um minuto de filmes caseiros em que apareciam adultos de smoking e vestido de baile, dançando rock-'n'-roll num dos clubes da cidade. Num tom de decepção, como que para sugerir o quanto a cidade era repressiva, Kuralt informava que o número de meninos da escola que se metiam em brigas ou bebiam era "*muito* baixo", e, embora admitisse que "uma minoria de vinte por cento" dos jovens de dezesseis anos dava grande valor à inteligência, apressava-se a injetar uma nota de pessimismo orwelliano: "Mas pensar dessa maneira pode pôr em risco sua posição social na escola de Webster Groves".

O filme não estava inteiramente equivocado quanto à escola da cidade em meados dos anos 60. Meu irmão Tom, embora não fosse um dos 688 jovens anônimos de dezesseis anos referidos no filme (pois nasceu com um ano de atraso), guarda poucas lembranças dos seus anos de colégio, além de sempre acumular boas notas e de uma vida sem muito rumo freqüentando os canais mais discretos da vida social, juntamente com todos os outros não-*soshies*; sua principal diversão era sair circulando pelas ruas com os amigos que tinham carro. E o filme também não errava quando fala do conservadorismo prevalecente na cidade: as eleições de 1964 em Webster Groves foram vencidas por Barry Goldwater.

O problema de *16* era o tom. Quando Kuralt, exibindo um sorriso de desespero, pergunta a um grupo de pais de Webster Groves se uma passeata em prol dos direitos humanos não poderia talvez "injetar um pouco de vida nas coisas por aqui", os pais têm uma reação automática de recuo, como se ele fosse um louco; e os produtores do documentário, incapazes de imaginar que alguém possa ser uma boa pessoa e ainda assim não querer que seu filho de dezesseis anos participe de uma passeata pelos direitos humanos, apresentam Webster Groves como um pesadelo de materialismo desalmado e controle mental. "A juventude sempre sonha, achávamos nós, com aventuras", diz a narração em off de Kuralt. "Mas três quartos desses adolescentes afirmam que seu principal objetivo na vida é um emprego bem remunerado, dinheiro e sucesso. E nós acreditávamos que, aos dezesseis anos, o jovem está sempre tomado de ansiedade e insatisfação. Mas noventa por cento dos jovens locais dizem que gostam de Webster Groves. Quase a metade deles disse que não se incomodaria de continuar vivendo lá *pelo resto das suas vidas.*" Kuralt dá uma ênfase soturna a esse último fato. A explicação mais óbvia — a de que a equipe da CBS tivesse se deparado com uma comunidade especialmente satisfeita — jamais pareceu lhe passar pela cabeça.

A exibição do programa, em 25 de fevereiro de 1966, atraiu tantos telefonemas e cartas indignados de Webster Groves que a rede de tevê acabou produzindo uma continuação extraordinária, com uma hora de duração, *Webster Groves Revisited*, levada ao ar dois meses mais tarde. Aqui, Kuralt chega o mais perto que consegue de pedir desculpas sem usar a palavra "perdão". Apresenta flagrantes conciliatórios dos *soshies* assistindo ao programa de fevereiro e sacudindo a cabeça diante das declarações grandiloqüentes que tinham feito diante das câmeras; e admitia que as crianças que cresciam em ambientes protegidos ainda podiam transformar-se em aventureiros na idade adulta.

O valor crucial de Webster Groves, o valor que não foi mostrado em *16* — o que enfureceu seus habitantes —, era uma espécie de gentileza apolítica. Os membros da Primeira Congregacional podiam ser majoritariamente republicanos, mas sempre escolhiam pastores liberais. O ministro da igreja nos anos 20 tinha informado à congregação que seu trabalho era "clínico", e não pessoal. ("O pastor bem-sucedido é um psicanalista", disse ele. "Se essa idéia lhes parece chocante, posso dizer a vocês que Jesus foi o maior psicanalista de todos os tempos. Haverá opção melhor para um pastor do que seguir o que Ele fez?") Nos anos 30, o principal pastor era um ardoroso socialista que usava boina e fumava cigarros ininterruptos enquanto ia e voltava da igreja em sua bicicleta. Foi sucedido por um ex-combatente do Exército, Ervine Inglis, que pregou o pacifismo ao longo de toda a Segunda Guerra Mundial.

Bob Roessel, filho de um advogado republicano local, cresceu indo à igreja nos tempos do pastor socialista, e sempre passava os verões no Novo México, na casa de um tio que administrava o Projeto Federal de Escritores para a Administração de

76

Projetos de Trabalho naquele estado. Em suas viagens pelo Sudoeste, Roessel acabou apaixonado pela cultura dos navajos e decidiu tornar-se missionário — uma ambição que conservou até ir estudar num seminário e conhecer missionários de verdade, que consideravam seu dever tirar os selvagens das trevas e trazê-los para a luz. Roessel perguntou a Ervine Inglis, cujas inclinações eram unitárias (ele não acreditava na eficácia do oração, por exemplo), se uma pessoa podia ser cristã e *ao mesmo tempo* navajo. Inglis respondeu que sim. Abandonando o seminário, Roessel casou-se com a filha de um curandeiro navajo e dedicou o resto da vida ao serviço do povo que adotara. Nas viagens que fazia a Webster Groves para visitar sua mãe, ele armava uma mesa na Primeira Igreja Congregacional, onde vendia cobertores e jóias de prata a fim de arrecadar fundos para a tribo. Fazia discursos incendiários sobre a grandeza dos navajos, dizendo aos membros da igreja que aquele mundo do Meio-Oeste em que viviam, com seus gramados sombreados, suas escolas e seus empregos executivos de escalão médio na Monsanto, seriam vistos como um verdadeiro *paraíso* pelo seu outro povo. "Os navajos", dizia ele, "não têm nada. Vivem no meio do deserto sem nada. Ainda assim, têm uma coisa que falta a vocês: acreditam em Deus."

No outono de 1967, o novo pastor associado da igreja, Duane Estes, reuniu dezesseis adolescentes e um seminarista e fez-lhes uma proposta: o que eles achavam de formar um grupo para arrecadar dinheiro e depois ir até o Arizona nas férias da primavera para ajudar os navajos? Lá, na cidade de Rough Rock, Bob Roessel estava começando uma "escola experimental", a primeira escola índia do país cujo controle o órgão federal encarregado das questões ligadas à vida dos nativos, o Bureau de Assuntos Indígenas, estava entregando a uma junta local composta por índios, e precisava de voluntários para trabalhar na comunidade. O velho grupo de alunos do colegial da Primeira Congregacional, a Irmandade dos Peregrinos, vinha atravessando tempos difíceis (o que podia ter alguma relação com os chapéus pretos de abas largas, iguais aos dos peregrinos, que seus membros eram obrigados a usar nas reuniões). Duane Estes, antigo capelão e técnico de futebol da escola secundária, livrou-se da palavra "Peregrinos" (e também dos chapéus) e propôs um tipo diferente de peregrinação, uma peregrinação bem ao feitio de um técnico de futebol americano: vamos sair pelo mundo e agarrar alguém! Num primeiro momento, imaginou que duas caminhonetes seriam suficientes para a viagem ao Arizona, mas, quando o grupo finalmente partiu para Rough Rock, um dia depois de Martin Luther King ser abatido a bala num atentado, enchia um ônibus fretado.

O único seminarista do grupo, Bob Mutton, estava naquele ônibus junto com todos os bem vestidos jovens dos subúrbios, ostentando enormes suíças e o olhar implacável de uma pessoa de fora. Mutton crescera numa cidade operária próxima a Buffalo. Tinha sido "mau elemento" no colegial, dedicando-se à caça de garotas no imenso Buick conversível '49 que ele e o pai, um maquinista, tinham reformado. Ocorre, porém, que uma moça em cuja caça Mutton mostrou um empenho especial fazia parte de um grupo da igreja da cidade, e que o líder do grupo interessou-se por ele, insistindo para que cursasse uma faculdade. E Mutton terminara no Elmhurst College, uma escola afiliada à igreja próxima a Chicago. Por mais alguns anos, persistira em suas atividades anti-sociais; só se dava com maus elementos, e gostava deles. Então, no quarto ano da sua imersão em Elmhurst, anunciou aos pais que decidira se casar com uma colega de turma, uma moça da classe trabalhadora de Chicago, e entrar para o seminário. Seu pai não gostou nada da idéia do seminário — a pessoa não podia continuar sendo cristã e entrar para um curso de Direito? —, mas Mutton achava que tinha vocação, e se ma-

78

triculou no Seminário Teológico Eden, em Webster Groves, no outono de 1966.

Aquela era uma época em que estabelecimentos como o Seminário Eden atraíam muitos estudantes, devido à classificação que a matrícula em seus cursos rendia em matéria de serviço militar, a IV-D, dada aos seminaristas, e que os livrava do alistamento. Mutton e seus amigos do primeiro ano organizavam festas agitadas nos dormitórios e riam na cara dos alunos de classe mais alta que reclamavam do barulho. Quanto mais tempo Mutton e a mulher viviam em Webster Groves, porém, menos vida social os dois tinham. Webster Groves não era uma cidade de gente de sangue azul, mas estava repleta de aspirações da classe média ascendente, e os Mutton raramente conheciam jovens casais com quem se sentissem à vontade. Mutton comia segurando o garfo com o punho, como se fosse uma pá. Tinha um carro que queimava quase tanto óleo quanto gasolina. Pagava suas mensalidades escolares trabalhando como ladrilheiro. Quando chegou a hora de escolher seu trabalho de campo, no segundo ano de seminário, foi uma das duas únicas pessoas da turma a se apresentar para o ministério dos jovens. Tinha percebido uma vasta população submersa de adolescentes perdidos, alguns deles bons alunos, outros encrenqueiros, outros só desajustados, mas todos subnutridos pelos valores dos pais, e, ao contrário da CBS, decidiu dar-lhes pleno crédito pela ansiedade e a insatisfação. Ele próprio tinha sido um rapaz assim. E no fundo ainda era.

Em igrejas do tamanho da Primeira Congregacional, os grupos de estudantes do colegial costumam ter entre trinta e quarenta membros — o número que a Irmandade atraíra no seu primeiro ano. Em junho de 1970, quando a igreja contratou Mutton para substituir Duane Estes, o número de filiados ao grupo tinha dobrado e atingido oitenta, e nos primeiros dois anos do ministério de Mutton, no ápice histórico do desencanto americano com a autoridade institucional, tornou a dobrar. Todo dia de semana, depois das aulas, os membros mais velhos da igreja precisavam abrir caminho em meio a pés de adolescentes calçados em sandálias, tênis e botas de trabalho. Havia um aglomerado de garotas adoradoras que praticamente viviam no escritório de Mutton, competindo por espaço no seu sofá surrado, abaixo do seu cartaz psicodélico com a figura de Jesus. Entre o seu escritório e o salão de encontros da igreja, dezenas de outros jovens com calças bordadas e jaquetas de sarja tocavam violão em tons concorrentes, enquanto a fumaça enchia de branco o interior de garrafas de refrigerante nas quais todos persistiam em jogar as pontas dos cigarros, apesar das queixas da companhia de venda automática.

"Vou dizer ao pastor da juventude que peça novamente a eles para pararem", prometia sempre à companhia o infinitamente paciente secretário da igreja.

Jovens de outras igrejas se juntavam ao grupo devido à aura aventuresca do Arizona, pelas maratonas de 24 horas de música ao vivo em que as viagens de ônibus de ida e volta logo se transformaram, e por causa das pessoas bonitas que sempre vinham às apresentações que os músicos da Irmandade realizavam na igreja todas as noites de sexta-feira. O maior atrativo de todos, entretanto, era o próprio Mutton. Os antecedentes operários de Mutton, além de sua violenta alergia à beatice, o transformaram num farol de autenticidade para os jovens bem formados de Webster Groves. É notório que trabalhar com adolescentes consome muito tempo, mas Mutton, que não tinha vida social, contava com tempo de sobra. Com sua agitação, seus esforços e seus xingamentos, mostrava-se disposto a lidar com uma alienação adolescente que nenhuma outra pessoa com mais de vinte anos parecia entender em Webster Groves.

Mutton era um maníaco numa quadra de basquete, com os olhos soltando chispas e uma camiseta ensopada de suor. Atirava a bola para os jogadores mais fracos com a mesma velocidade assustadora com que a passava para os mais fortes; se você não estava com os pés bem plantados quando ele partia com a bola para a cesta, Mutton o derrubava e literalmente passava por cima de você. Se você fosse um ancião navajo e visse chegar às suas terras um ônibus repleto de jovens brancos de classe média carregando violões e pincéis, e fosse perguntar a Mutton por que aquele grupo estava ali, ele lhe daria a única resposta certa: "Estamos aqui, antes de mais nada, por nós mesmos". Se você fosse um membro da Irmandade e por acaso estivesse no carro dele quando ele parava a fim de comprar mantimentos para a comunidade, ele se virava para você como se fosse um igual e perguntava sua opinião: "Que tipo de vinho eu devo comprar?". Era da mesma forma que falava de sexo. Sempre perguntava o que você achava da idéia dos europeus, de que os americanos eram passivos demais na cama, e se você conhecia a piada do francês que tinha visto uma mulher estendida numa praia e começara a fazer sexo com ela; depois de algum tempo, seus amigos chegam e lhe dizem que ela está morta ("Ah, foi mal, achei que fosse americana."). Ele parecia mesmo disposto a acatar seu julgamento quando lhe perguntava o que achava de certos milagres do Novo Testamento, como a multiplicação dos pães e dos peixes. Segundo você, o que teria realmente acontecido? E talvez você arriscasse o palpite de que alguns dos 5 mil presentes que tinham vindo ouvir Jesus tivessem trazido provisões escondidas na roupa, e que a mensagem de fraternidade de Jesus os tivesse levado a dividir a comida que inicialmente reservavam só para si, pois quem dá recebe, e que havia sido desse modo que os 5 mil tinham sido alimentados. "Uma espécie de milagre socialista?", perguntava Mutton. "Em matéria de milagre, para mim já está de bom tamanho."

"Pais se queixam de que seus filhos adolescentes passam tempo demais na igreja!", exclamava o *St. Louis Globe-Democrat* num artigo de página inteira sobre a Irmandade em novembro de 1972. "Pais que, como castigo, proíbem o filho estudante de ir à igreja." Alguns pais, tanto de dentro quanto de fora da Primeira Congregacional, chegaram até a desconfiar que a Irmandade pudesse ser alguma espécie de culto. Sob uma luz insuficiente, Mutton podia até ser confundido com Charles Manson, e era perturbador ver como os jovens da cidade esperavam ansiosos pelas noites de domingo, reservando para a ocasião suas roupas favoritas (as mais surradas) e tendo verdadeiros ataques quando perdiam algum dos encontros. Mas a maioria dos pais reconhecia que, tendo em vista o estado do entendimento entre as gerações no início dos anos 70, as coisas podiam ser muitíssimo piores. Mutton contava com a confiança do primeiro pastor da igreja, Paul Davis, e com o apoio decisivo de vários membros mais velhos da congregação, que tinham participado de alguma das viagens ao Arizona e voltado totalmente convencidos do valor da Irmandade. Alguns membros mais conservadores da igreja procuravam Davis com queixas sobre o estilo de Mutton, seus charutos e seus palavrões, e o pastor sempre respondia às reclamações com uma intensa e solidária compreensão, fazendo que sim com a cabeça, piscando os olhos e repetindo, com sua voz extraordinariamente reconfortante, que compreendia perfeitamente as preocupações do queixoso e agradecia muito por ele ter se dado ao trabalho de vir comunicá-las. Em seguida, fechava a porta do gabinete e não fazia absolutamente nada.

Mutton era como uma isca com forte poder de atração solta num lago isolado onde ninguém tivesse pescado nos últimos trinta anos. Assim que ele assumira a Irmandade, vira-se rodeado de jovens perturbados que não suportavam os próprios pais, mas continuavam a precisar de algum adulto na sua vida. Rapazes e moças procuravam-no para contar, como nunca antes tinham contado a ninguém, que seus pais se embebedavam e os espancavam. Traziam-lhe sonhos para que interpretasse. Faziam fila junto à porta do seu gabinete, esperando ansiosos por um encontro individual, sofrendo por não serem a pessoa de sorte que estava sozinha com ele atrás daquela porta fechada e sentindo que nem mesmo a alegria de serem finalmente admitidos ao gabinete compensava a dor daquela espera. Todo mundo se drogava com alguma coisa. Os jovens inteiravam com água a garrafa de gim da família e tomavam ácido nos banheiros do colégio, fumando casca de banana especialmente adulterada, engolindo os anti-histamínicos dos pais e a nitroglicerina dos avós, consumindo noz-moscada em quantidades vomitivas, enchendo embalagens vazias de leite com cerveja e bebendo em público, exalando fumaça de maconha nas chaminés dos exaustores dos fogões ou no isolamento absorvente do teto dos porões, e depois seguindo para a igreja. Três meninos de boas famílias foram flagrados fumando maconha no próprio santuário da Primeira Congregacional. Mutton passou horas tentando acompanhar as palavras de um membro fundador da Irmandade que tivera alta recente de um hospício onde fora parar devido a um curto-circuito cerebral lisérgico. Quando uma moça da Irmandade informou a Mutton que tinha bebido numa festa e depois feito sexo com três membros da Irmandade em rápida sucessão, Mutton reuniu os quatro jovens em seu gabinete e, exercendo uma certa prerrogativa patriarcal, exigiu que os três rapazes se desculpassem. Uma outra moça, cujos pais a interrogaram sobre os anticoncepcionais que tinham encontrado no seu banheiro, recusou-se a falar com eles a menos que Mutton fosse convocado para servir de mediador. Ele era parte chefão mafioso e parte aprendiz de feiticeiro, envolvido nas vidas de um número cada vez maior de famílias.

Em setembro de 1973, um mês antes do retiro da nona série em Shannondale, um talentoso jovem de dezessete anos chamado MacDonald entrou no gabinete de Mutton e lhe disse que não tinha mais desafios na vida. MacDonald era o irmão mais velho daquela moça que ficara tão decepcionada comigo porque eu roubava em jogos de cartas. Estava a ponto de começar a faculdade, e Mutton não o procurou depois daquela conversa; algumas semanas depois, MacDonald se enforcou. Mutton ficou devastado. Aos 29 anos, sentiu-se superado e despreparado. Decidiu que precisava de formação como terapeuta, e um paroquiano da Primeira Congregacional teve a generosidade de lhe emprestar 5 mil dólares para que pudesse estudar com um psiquiatra cristão local.

Passaram-se anos — décadas — antes que eu soubesse dessas coisas. Cheguei com atraso à Irmandade, da mesma forma que chegara com atraso à minha própria família. Quando elaboravam as listas de quem precisava saber das coisas, eu sempre era deixado de fora. Era como se eu andasse pela vida usando um cartaz que dizia: NÃO CONTEM NADA A ELE.

Quando meu amigo Weldman e eu conversamos sobre o que as garotas faziam quando se masturbavam, achei que estava me saindo muito bem na conversa, mas devo ter dito alguma coisa errada, porque Weldman me perguntou, no tom de um professor paciente, "Você sabe o que é masturbação, não sabe?". Eu respondi que sim, claro, que era o sangramento, as regras, e assim por diante. Numa aula de exposição oral, não consegui antever o custo social que a pessoa poderia ter de pagar por levar seus cangurus de pelúcia (Kanga e Roo, mãe e filho das histórias do Ursinho Pooh) para ilustrar uma palestra sobre a fauna australiana. Quanto às drogas, eu não tinha como deixar de notar que muitos dos garotos do colégio sempre consumiam alguma coisa a fim de se fortalecer para as aulas. A maconha que se via nos pátios de colégio do Missouri em 1973 era um produto fraco e cheio de se-

84

mentes, e os usuários precisavam dar tantas baforadas que sempre voltavam para dentro fedendo a fumaça, com um cheiro parecido com o que tomava conta do laboratório de física uma vez por ano, depois da Destilação de Madeira. Mas eu não era um garoto de catorze anos que soubesse das coisas. Nem mesmo sabia como era a maneira certa de chamar aquela coisa que os outros andavam fumando.

Assim, se tivesse sido eu quem atravessasse o pátio do estacionamento de Shannondale na noite de sábado e sentisse o cheiro de mato queimado, ninguém jamais ficaria sabendo de nada. O fim de semana estava me saindo menos desastroso do que eu temia. Os dois ladrões de lanche tinham se eclipsado a tal ponto que nem compareceram às atividades obrigatórias, e eu ficara ousado a ponto de envolver meus antigos amigos de escola dominical num jogo de *four square*, usando uma bola de basquete. (No colégio, no ano anterior, Manley e eu tínhamos estimulado um renascimento semi-irônico do *four square* na hora do almoço, recriado na forma de um jogo de velocidade e língua inglesa, e, embora Manley fosse um atleta bom demais para ser tratado com desprezo, minha animada defesa de um jogo de bola simplório que as meninas disputavam no primário deve ter sido uma das razões pela qual tinham perguntado ao meu parceiro de laboratório Lunte se eu era um fresco bobalhão, e de ele ter apanhado quando respondeu que não.) Fiquei sentado ao sol das Ozarks com minha bonita e poética amiga Hoener, conversando sobre Gregor Mendel e e. e. cummings. Mais adiante na mesma noite, eu estava jogando *Spades* com uma conselheira por quem era meio apaixonado, uma estudante chamada Kortenhof, quando outra pessoa atravessou o estacionamento e sentiu o cheiro da fumaça.

Na manhã seguinte, quando nos reunimos no centro comunitário para o que devia ter sido um serviço dominical sem Jesus, mas com muita música, os conselheiros apareceram todos juntos, formando uma falange de rostos severos. Mutton, que empalidecia quando ficava irritado, estava com os lábios praticamente azuis.

"Ontem à noite", disse ele numa voz áspera, "houve quem desrespeitasse as regras. Algumas pessoas usaram drogas. E elas sabem quem são, e devem ter muitas coisas a nos dizer. Se você era uma dessas pessoas, ou se sabe da história, mas não disse nada, quero que se apresente agora e nos conte o que aconteceu."

Mutton deu um passo atrás, como um apresentador teatral, e seis transgressores se levantaram. Eram duas meninas, Hellman e Yanczer, que exibiam os rostos inchados e manchados de lágrimas; um menino periférico da Irmandade chamado Magner; os dois ladrões, o louro e o sujeito durão com o bigode de Fu Manchu; e uma garota de ar meio ordinário que parecia ligada aos dois. Os ladrões pareciam ao mesmo tempo envergonhados e desafiadores. E se manifestaram com murmúrios ininteligíveis.

"O quê? Não estou ouvindo", disse Mutton.

"Eu disse que queimei fumo no estacionamento e desobedeci às regras", cuspiu o Fu Manchu.

Um abismo físico se abrira entre o resto de nós e os delinqüentes, que se alinharam apoiados numa das paredes do centro comunitário, uns com ar de desafio, outros chorando, todos com os polegares presos nos bolsos dos seus jeans. Eu me sentia como uma criancinha que tivesse passado o fim de semana entregue às bobagens mais pueris (jogando *four square!*) enquanto encrenca adulta da séria ocorria em outra parte da casa.

A moça Hellman era a mais abalada. Mesmo em circunstâncias normais, seus olhos já brilhavam e se mostravam um pouco protuberantes, como que empurrados para fora pela pressão de emoções reprimidas, mas agora era seu rosto todo que brilhava. "Desculpe! Eu sinto muito!", chorava ela para Mutton. Lágrimas pressurizadas jorravam dos seus olhos, e ela se virou de frente para o resto de nós. "Eu sinto muito!"

Yanczer era uma garota miúda de rosto redondo que tendia a falar por cima do ombro, inclinada para longe de você, como se tivesse mudado temporariamente de idéia e decidido ficar mais um pouco só por sua causa. E agora ela estava com o ombro virado para a parede. "Também sinto muito", disse ela, olhando para nós de lado. "Mas, ao mesmo tempo, eu fico pensando, qual é o problema?"

"O problema é que nós formamos uma comunidade", respondeu Mutton. "Só podemos fazer coisas bacanas porque os pais confiam em nós. Quando alguém desobedece às regras e prejudica essa confiança, atinge todo mundo que faz parte da comunidade. Isso pode ser o fim do grupo. Nosso último fim de semana."

Os ladrões estavam passando um sorriso de um para o outro.

"Do que vocês dois estão rindo?", latiu Mutton. "Estão achando graça?"

"Não", respondeu o louro, sacudindo seus cachos quase brancos. "Mas estou achando tudo isso um pouco exagerado."

"Ninguém está obrigando vocês a ficarem na sala. Vocês podem sair pela porta na hora que quiserem. Na verdade, vocês podiam ir mesmo embora. Os dois. Passaram o fim de semana inteiro com esse ar de desprezo. Já estou de saco cheio."

Os ladrões trocaram olhares de confirmação e tomaram o caminho da porta, seguidos pela moça de ar ordinário. Restaram Hellman, Yanczer e Magner. A questão era decidir se os três também seriam banidos.

"É assim que vocês querem tratar o grupo?", perguntou Mutton. "Se é esse o nível de confiança aqui dentro, por que vamos tornar a nos encontrar na semana que vem? Queremos saber por que vocês acham que devemos deixar que continuem fazendo parte deste grupo."

Hellman correu os olhos por nós, muito arregalada, com ar de súplica. Disse que não podíamos expulsá-la. Ela adorava a Irmandade! Nós tínhamos praticamente salvado sua vida! Ela gostava mais do grupo do que de *qualquer outra coisa.*

Uma garota baixinha de macacão desbotado respondeu, "Se você gosta tanto assim do grupo, por que trouxe esses sujeitos estranhos para cá e criou problemas para todo mundo?".

"Eu queria que eles soubessem como era a Irmandade", respondeu Hellman, torcendo as mãos. "Achei que podia ser bom para eles. Desculpem!"

"Escute, você não pode controlar o que seus amigos fazem", disse Mutton. "Você só é responsável por si mesma."

"Mas eu também fiz merda!", choramingou Hellman.

"É verdade, e está assumindo a responsabilidade por isso."

"*Mas ela fez merda!*", repetiu a baixinha de macacão. "Como é que ela está 'assumindo a responsabilidade'?"

"Enfrentando vocês", respondeu Mutton. "O que não é nada fácil. Precisa de muita coragem. Decidam vocês o que decidirem, quero que pensem na coragem deles, só de ficarem aqui encarando o resto de vocês."

Seguiu-se uma tortura de uma hora durante a qual, um a um, nos dirigimos aos três infames para dizer o que achávamos do que tinham feito. As garotas esfregavam cinzas no brim e remexiam seus maços de Winston. Muitos prorrompiam em soluços diante da idéia de dissolução do grupo. Do lado de fora, andando de um lado para o outro no cascalho, estavam os pais que tinham vindo de carro nos levar para casa, mas era tradição da Irmandade enfrentar as crises no momento em que ocorriam, de maneira que continuamos sentados lá. Hellman, Yanczer e Magner pediram desculpas alternadas e acabaram reclamando conosco: e a capacidade de perdoar? Nenhum de nós nunca tinha desobedecido a nenhuma regra?

Achei a cena toda perturbadora. A confissão de Hellman a tinha definido, para mim, como uma doidona de fora, o tipo de pessoa marginalizada que eu temia e desprezava no colégio, e ainda assim ela agia como se fosse morrer caso não pudesse voltar para a Irmandade. Eu também gostava do grupo, ou pelo menos tinha gostado até aquele dia de manhã; mas certamente não imaginava que morreria se ficasse sem ele. Hellman parecia estar tendo uma experiência mais profunda e autêntica da Irmandade do que os membros respeitadores da lei que ela tinha traído. E Mutton lá, dizendo o quanto ela era corajosa! Quando chegou minha vez de falar, eu disse que estava com medo de que meus pais não me deixassem mais voltar à Irmandade, porque eles eram muito rigorosos contra as drogas, mas que eu achava que ninguém devia ser suspenso.

Já passava do meio-dia quando finalmente saímos do centro comunitário, piscando muito à luz forte do sol. Os ladrões expulsos estavam perto das mesas de piquenique, brincando com uma bola de futebol americano e rindo. Tínhamos decidido dar mais uma oportunidade a Hellman, Yanczer e Magner, mas o que realmente importava, disse Mutton, era voltar direto para casa e contar aos nossos pais o que tinha acontecido. Cada um de nós precisava assumir plena responsabilidade pelo grupo.

O que foi provavelmente mais duro para Hellman, que adorava a Irmandade na mesma medida em que era maltratada em casa pelo pai, e para Yanczer. Quando a mãe de Yanczer soube da história, ameaçou chamar a polícia se ela não procurasse o diretor da escola e denunciasse o amigo que lhe fornecia drogas; o amigo era Magner. Foi uma semana de cenas medonhas, mas de algum modo os três jovens conseguiram ser readmitidos à Irmandade no domingo seguinte.

Só eu ainda tinha um problema. E o problema eram meus pais. Das muitas coisas que me davam medo naquela época —

aranhas, insônia, anzóis de pesca, bailes na escola, beisebol, alturas, abelhas, mictórios, a puberdade, professores de música, cães, o refeitório do colégio, a censura, adolescentes mais velhos, águas-vivas, vestiários, bumerangues, meninas populares e o trampolim mais alto —, o que mais me assustava eram provavelmente meus pais. Meu pai quase nunca me batera, mas quando chegara a esse ponto sua ira era digna de Jeová. Minha mãe possuía garras com as quais, quando eu tinha três ou quatro anos de idade e meninos da vizinhança tinham impregnado meu cabelo de vaselina para conseguir um efeito de penteado armado e reluzente, atacara repetidas vezes meu couro cabeludo entre os enxágües com água escaldante. Suas opiniões eram mais afiadas ainda que as garras. Melhor não se meter com ela. Eu nunca teria ousado, por exemplo, aproveitar sua ausência do país para desobedecer às suas instruções e ir de jeans para o colégio, pois ela podia acabar descobrindo.

Se eu tivesse podido conversar imediatamente com meus pais, talvez bastasse o ímpeto do que ocorrera no retiro para me conduzir. Mas eles ainda estavam na Europa, e a cada dia eu ficava mais convencido de que acabariam me proibindo de freqüentar a Irmandade — não só isso como ainda iriam gritar comigo, e não só isso como ainda iriam me obrigar a odiar aquele grupo —, até chegar a um estado de pânico absoluto, como se tivesse sido *eu* quem desobedecera às regras. Em pouco tempo, meu medo de contar o crime coletivo do grupo era maior do que eu jamais sentira de qualquer coisa.

Em Paris, minha mãe tinha ido fazer o cabelo no salão de Elizabeth Arden e conversado com a viúva de Pie Traynor, o grande jogador de beisebol. Em Madri, comera leitão assado na Casa Botín cercada por multidões de americanos cuja feiúra a deixava deprimida, mas em seguida encontrara o casal dos donos da loja de ferragens de Webster Groves, que também estavam de férias, o que a fizera sentir-se muito melhor. Passou o dia 28 de outubro com meu pai num compartimento de trem de primeira classe, viajando para Lisboa, e anotou no seu diário de viagem: *Belo 29º aniversário de casamento — juntos o dia inteiro.* Em Lisboa, recebeu uma carta aérea em que eu não lhe dizia uma palavra sobre o que ocorrera no retiro.

Meu irmão Bob e eu fomos esperá-los no aeroporto de St. Louis, em pleno Halloween. Descendo do avião, meus pais pareciam em ótima forma, com um ar cosmopolita e adorável. Descobri-me sorrindo sem controle. Aquela devia ser a noite da minha confissão, mas me parecia potencialmente embaraçoso envolver Bob naquilo tudo, e foi só depois que ele voltou para o apartamento onde estava morando na cidade que entendi o quanto iria ser mais difícil enfrentar meus pais sem ele. Como Bob geralmente vinha jantar em casa nas noites de domingo, e como só faltavam quatro dias até o próximo domingo, decidi adiar minha revelação até que ele estivesse de volta. Eu já não tinha adiado por duas semanas?

Na manhã de domingo, minha mãe anunciou que Bob tinha outros planos e não vinha jantar conosco.

Cheguei a pensar em simplesmente não dizer nada. Mas não via como poderia enfrentar o grupo depois disso. Aquela angústia de Shannondale tivera o efeito misterioso de me deixar mais intimamente envolvido com a Irmandade, em vez de mais distante, como se agora a vergonha nos tivesse deixado mais unidos, a exemplo de dois desconhecidos que dormem juntos, acordam com pena do constrangimento um do outro e acabam se apaixonando por causa disso. Para minha surpresa, descobri que eu também, como Hellman, adorava aquele grupo.

No almoço daquela tarde, sentei-me entre meus pais e não comi nada.

"Você não está se sentindo bem?", perguntou finalmente minha mãe.

"Eu preciso contar a vocês uma coisa que aconteceu na Irmandade", disse eu, com os olhos fixos no prato. "No retiro. Seis dos garotos — fumuram mucunha."

"Fizeram o quê?"

"Mucunha?"

"Fumaram maconha", disse eu.

Minha mãe franziu as sobrancelhas. "Quem foi? Algum amigo seu?"

"Não, quase todos eram meninos novos."

"Ah, então está certo."

E a reação deles não passou disto: desatenção e aprovação. Senti-me eufórico demais para me perguntar qual a razão daquilo. É bem possível que coisa pior tivesse acontecido com meus irmãos em matéria de drogas nos anos 60, e que por comparação minha transgressão de segunda mão pudesse parecer ridícula e nada preocupante para meus pais. Mas ninguém tinha me contado nada. Depois do jantar, radiante de alívio, voei até a Irmandade e descobri que tinham me escolhido para o papel principal na farsa em três atos *Mumbo-Jumbo*, que seria a grande fonte de arrecadação do grupo durante o inverno. Hellman faria o papel da jovem contida que mais tarde se revela uma estranguladora; Magner faria o papel do maligno *swami* Omahandra; e eu era o insensível, autoritário e ansioso estudante universitário Dick.

O homem que formou Mutton como terapeuta, George Benson, era o teórico oculto da Irmandade. Em seu livro *E então chega a alegria* (*Then Joy Breaks Through* — Seabury Press, 1972), Benson ridiculariza a noção de que o renascimento espiritual seja só "um milagre para as pessoas corretas". Afirmava que o "crescimento pessoal" era o "único quadro de referência em que a fé cristã faz algum sentido no mundo moderno". Para sobreviver numa era de ansiedade e ceticismo, a cristandade precisa recuperar o radicalismo da pregação de Jesus, e a mensagem central dos Evangelhos, segundo a leitura que Benson faz deles, era a importância da honestidade, do confronto e da disputa. A relação entre Jesus e Pedro, em especial, parecia-lhe muito semelhante a uma relação psicanalítica:

A compreensão não basta. O apoio alheio não basta. A aceitação no contexto de uma relação que negue o conforto (que de qualquer maneira é quase sempre falso), despertando assim no sofredor uma consciência da sua necessidade de se avaliar e aceitar-se — isso sim provoca a mudança.

Benson relata a maneira como tinha tratado uma jovem que sofria de sintomas graves de adesão à cultura hippie — abuso de drogas, promiscuidade e uma falta de higiene pessoal que chegou a um extremo espetacular (a certa altura, baratas saem de sua bolsa) — e compara o progresso dela ao de Pedro, que num primeiro momento resiste a Jesus, em seguida passa a idolatrá-lo de maneira monstruosa e depois cai em desespero diante da perspectiva do fim, e finalmente é salvo quando internaliza a relação.

Mutton procurou Benson pouco depois de se tornar pastor auxiliar. De uma hora para outra, adquirira tamanha influência sobre os adolescentes sob sua responsabilidade que temia começar a extrapolar, e Benson lhe disse que sua preocupação tinha fundamento. Fez Mutton listar em voz alta todas as coisas que se sentia tentado a fazer, de maneira a diminuir a probabilidade de fazê-las de fato. Era uma espécie de homeopatia psíquica, e Mutton aplicou método idêntico em suas supervisões de liderança na Irmandade, onde, a cada semana, a portas fechadas no salão da igreja, ele e os conselheiros se revezavam no papel de deixar os outros em posição desconfortável, inoculando-se assim contra as tentações de mau uso do poder e arejando seus problemas pessoais para não permitir que pudessem afetar os jovens. Fotocópias de *E então chega a alegria* começaram a circular entre os conselheiros da Irmandade. A Relação Autêntica, exemplificada por Jesus e Pedro, transformou-se no Santo Graal do grupo — sua alternativa à cumplicidade passiva das comunidades de usuários de drogas, a maneira como rejeitava as noções pastorais consagradas de "consolo" e "capacitação".

Assim que Mutton começou sua formação com Benson, depois do suicídio de MacDonald, o espírito da Irmandade começou a mudar. Parte da mudança era cultural, devida ao desaparecimento do momento hippie, mas parte se devia ao crescimento do próprio Mutton, à sua necessidade cada vez menor de amigos de dezessete anos, ao seu envolvimento cada vez maior com uma clientela externa. Depois daquela crise de Shannondale, porém, não ocorreu mais nenhuma violação coletiva das regras, e a Irmandade foi deixando de ser um espetáculo de um homem só, um happening improvisado, para se transformar num mecanismo bem azeitado. Na altura em que ingressei na décima série, o grupo dos estudantes do último ano do colegial pagava pequenos salários mensais a meia dúzia de jovens conselheiros. Sua presença tornava bem mais fácil para mim evitar o contato direto com Mutton, cujo hábito de me chamar de "Franzone!" servia para confirmar que ele e eu não tínhamos de fato uma afinidade muito grande. Antes de procurá-lo para falar dos meus problemas, acho que eu preferiria revelar minhas intimidades aos meus pais.

Já os conselheiros, por outro lado, eram como irmãos e irmãs mais velhos. Meu favorito era Bill Symes, um dos fundadores da Irmandade em 1967. Tinha vinte e poucos anos e estudava religião na Webster University. Seus ombros pareciam os de uma junta de carro de bois, usava um rabo-de-cavalo grosso como o rabo de um cavalo, e seus pés precisavam do maior número encontrado nas lojas de calçados especiais. Era bom músico, apaixonado pelo violão de cordas de aço. Gostava de entrar no Burger King e pedir bem alto dois sanduíches dos grandes, mas sem carne. Quando estava perdendo num jogo de *Spades*, tirava uma carta das mãos, dizia aos outros jogadores, "O naipe é este!", depois lambia a carta e a pregava na testa, virada para fora. Em discussões, gostava de chegar muito perto da pessoa e gritar com ela. Dizia, "Pois você precisa lidar com isso!". E, "Estou achando que *você* está com um problema e não quer falar a respeito!". E, "Sabe o que é? Acho que você mesmo não acredita *numa palavra* do que acabou de me dizer!". E, "Qualquer resistência sua vai provocar uma resposta *agressiva* da minha parte!". Se você hesitasse quando ele avançava para lhe dar um abraço, ele recuava, abria muito os braços e ficava olhando fixo para você com as sobrancelhas erguidas, como se perguntasse, "E então? Não vai me dar um abraço?". Quando não estava tocando violão estava lendo Jung, quando não estava lendo Jung estava observando pássaros, quando não estava observando pássaros praticava tai chi, e se você o abordasse durante suas sessões de treino e perguntasse como ele faria para se defender se alguém lhe apontasse uma arma, ele demonstrava, em impressionante câmera lenta oriental, como se deve tirar a carteira do bolso traseiro e entregá-la ao assaltante. Ouvindo rádio em seu Volkswagen, às vezes ele gritava, "Quero ouvir... 'La Grange', do ZZ Top!", e dava um tapa no painel. E o rádio tocava "La Grange".

Num fim de semana de 1975, Mutton, Symes e os outros conselheiros participaram de um retiro pastoral promovido pela Igreja Unida de Cristo. A turma da Irmandade chegou ao encontro como uma tribo de apaches do confronto, dispostos a chocar e educar os demais presentes, todos seguradores de mão e capacitadores ultrapassados. Apresentaram uma supervisão simulada, sentados num círculo fechado enquanto setenta ou oitenta pastores observavam sentados à sua volta. No interior desse aquário, Mutton virou-se para Symes e perguntou, "Quando é que você vai cortar esse cabelo?".

Symes sabia que ia ser o "voluntário". Mas seu rabo-de-cavalo era muito importante para ele, e o assunto era explosivo.

Mutton tornou a perguntar, "Quando é que você vai cortar esse cabelo?".

"E por que eu devia cortar o cabelo?"

"Quando é que você vai crescer e se transformar num líder?"

Enquanto os outros conselheiros mantinham a cabeça baixa e o clero ultrapassado, da escola do consolo e da capacitação, observava, Mutton começou a destratar Symes. "Você é um homem comprometido com a justiça social e o desenvolvimento pessoal", disse ele. "Seus valores são esses."

Symes fez uma cara de estúpido. "Ora, são os seus valores também."

"Pois então, e onde você pode encontrar as pessoas que mais precisam ouvir sua voz? São as pessoas que usam o cabelo como o seu ou as pessoas que não se parecem com você?"

"Tanto uns como os outros. Todo mundo."

"Mas e se o seu apego ao seu *estilo* estiver se transformando numa barreira para o que devia ser mais importante? Por que você não pode cortar o cabelo?"

"Eu não quero cortar o cabelo!", disse Symes, com a voz falhando.

"Pois isso é uma *tremenda babaquice*", disse Mutton. "Onde é que você pretende travar suas batalhas? Só está disposto a lutar por suas camisetas tingidas e suas calças de pintor? Ou está mesmo disposto a lutar pelos direitos civis? Em favor dos direitos dos trabalhadores imigrantes? Em favor dos direitos da mulher? Em nome da compaixão pelos desprotegidos? Se são realmente *essas* as lutas importantes para você, quando é que você vai crescer e cortar o cabelo?"

"Eu não sei —"

"Quando é que você vai crescer e aceitar sua própria autoridade?"

"Não sei! Bob, eu não sei!"

Bem que Mutton podia se fazer as mesmas perguntas. A Irmandade vinha se reunindo numa igreja cristã havia quase uma década, mas fazia vários anos que ninguém via uma Bíblia, que "Jesus Cristo" era só o que as pessoas diziam quando alguém derramava sopa nas suas costas queimadas de sol, e George Benson, na supervisão de Mutton, queria saber que história afinal era aquela. Aquele grupo era ou não cristão? Mutton estava ou não disposto a se expor, a assumir sua crença em Deus e em Cristo? Estava ou não disposto a reivindicar seu ministério? Mutton já vinha ouvindo perguntas semelhantes de alguns dos conselheiros. Queriam saber quem tinha determinado que a franqueza e o confronto deviam ser os valores centrais daquele grupo. A autoridade de Mutton? Mas por que ele? Quem era ele, afinal? Se o grupo quisesse agregar-se em torno de alguma coisa que fosse além de Mutton e da adoração que o grupo sentia por ele, onde ficaria a autoridade, nesse caso?

Para Mutton, a resposta era clara. Tirando a divindade do Cristo, aquilo tudo se reduziria a baboseiras de colônias de férias. O que restava era só "vamos nos dar as mãos e ser bonzinhos uns com os outros". A autoridade de Jesus como mestre — e a autoridade que Mutton e seus conselheiros tinham adquirido como seguidores dos seus ensinamentos — apoiava-se no fato de que Ele, Cristo, tivera os culhões de dizer: "Eu sou o cumprimento das profecias, eu sou a dádiva dos judeus para a humanidade, eu sou o filho do Homem", e de deixar-se pregar a uma cruz para reforçar seus argumentos. Se você era incapaz de dar um passo equivalente em espírito, se era incapaz de referir-se à Bíblia e celebrar a Comunhão, como é que podia dizer que era cristão?

A pergunta, que Mutton propôs na supervisão, deixou Symes especialmente furioso. O grupo já tinha seus rituais e liturgias próprios, seus dias santos, suas velas, suas canções de Joni Mitchell, seus retiros e suas viagens de primavera. Symes ficava muito surpreso de ver que Mutton, com todo seu treinamento em Freud e Jung, não se sentia repelido pela infantilidade e pelo caráter regressivo do cerimonial cristão. "Como podemos dizer que somos cristãos?", ecoava ele, olhando fixo para Mutton. "Ora bolas! Que tal *tentar viver como Cristo e seguir seus ensinamentos*? Qual é a necessidade de comer o corpo e tomar o sangue de alguém? É uma coisa tão primitiva! Quando *eu* quero me sentir próximo de Deus, não paro para ler as Epístolas aos Coríntios. Eu saio e vou trabalhar com os pobres. Eu me envolvo em relações afetivas. Inclusive minha relação com *você*, Bob."

Aquela era a posição clássica da religião liberal, e Symes podia se dar ao luxo de assumi-la porque não precisava de uma postura ostensivamente humilde, não precisava ser o Jesus da Irmandade. Mutton era o filho barbado de um maquinista que pregava idéias radicais aos jovens e marginalizados, que se ligava a personagens de moralidade dúbia, que atraía uma legião de discípulos fervorosos, que combatia as tentações do ego e conquistara, pelos padrões locais, uma incrível popularidade. Agora estava perto de completar 32 anos. Dali a pouco iria embora, e queria completar o processo de afastar de si o foco do grupo, concentrando-o na religião.

Uma vez que Symes lembrava menos um Pedro razoável do que um Jung incontrolável, coube a outro seminarista, um antigo "mau elemento" de cabelos ruivos chamado Chip Jahn, erguer-se ao final de um encontro de domingo à noite em 1975 e fazer uma confissão. Jahn tinha dezenove anos quando Mutton o encarregara de um acampamento de trabalho no sudeste do Missouri. Passara um mês inteiro cercado de jovens só dois ou três anos mais novos do que ele, tendo de se virar com um orçamento de comida que fora cortado pela metade no último minuto, praticamente mendigando sacos de milho dos agricultores locais, que tentava transformar em ensopados temperados com tiras de mortadela pirateadas de alimentos mandados pelo governo para a merenda escolar nos colégios do estado. Depois disso decidira se tornar pastor, mas ainda exibia os modos de um marinheiro brigão, apoiando-se nas paredes com os braços cruzados e as mangas arregaçadas para ressaltar os bíceps; geralmente, quando se dirigia ao grupo, tinha certa dificuldade para manter uma expressão neutra no rosto, como se nunca deixasse de achar graça no fato de trabalhar numa igreja. Mas agora, quando se levantou para fazer sua declaração, exibia uma seriedade assustadora.

"Quero falar de uma coisa que é importante para mim", disse ele. Estava segurando um livro, que sacudia como se fosse um bife cru. Quando o grupo percebeu que o livro era uma Bíblia, um silêncio desconfortável se instalou na sala. Eu não ficaria muito mais surpreso se ele estivesse exibindo um exemplar de *Penthouse*. "*Isto aqui* é importante para mim", disse Jahn.

Quando eu estava na décima série, meu sonho era ser eleito para o Conselho Consultivo, que era o grupo de elite de dezesseis jovens que julgava as violações das regras e ajudava os conselheiros a comandar a Irmandade dos alunos do primeiro colegial. Duas vezes por ano, no que se reduzia a francas competições de popularidade, o grupo elegia oito jovens para mandatos de um ano no conselho, e eu achei que teria alguma chance de vencer na primavera. De modo um tanto misterioso — e pode ser que meu rosto estivesse simplesmente se tornando conhecido na igreja —, eu não me sentia mais como a Morte Social em andamento. Candidatei-me à peça de teatro do outono, *Any number can die*, e fui um dos únicos segundanistas a conseguir um papel. Nas noites de domingo, quando o grupo maior se dividia em pares para certos exercícios, membros do Conselho Consultivo atravessavam a sala aos saltos para virem juntar-se a mim. E diziam, "Franzen! Queria conhecê-lo melhor, porque você me parece uma pessoa interessante!". E, "Franzen! Faz semanas que eu queria ser seu parceiro em alguma coisa, mas você é sempre muito disputado!".

Sentir-me percebido assim subiu-me à cabeça. No último retiro do ano, eu mesmo me candidatei ao Conselho Consultivo. O grupo inteiro se reuniu na noite de sábado, depois da tabulação secreta dos votos, e nos sentamos em redor de uma única vela acesa. Um a um, os membros atuais do Conselho pegavam outras velas, acendiam-nas na vela central e dirigiam-se a algum ponto do círculo para oferecê-las aos membros recém-eleitos. Era como se estivéssemos assistindo a uma queima de fogos; a massa fazia "Ohhh!" a cada eleito que era revelado. Armei um sorriso falso e fazia de conta que estava feliz por cada vencedor anunciado. No entanto, à medida que as velas eram acesas, vinham na minha direção, mas depois passavam e eram entregues — "Ohhh!" — a outras almas afortunadas, foi ficando dolorosamente claro o quanto aqueles vencedores eram pessoas muito mais populares e maduras do que eu. Os jovens que recebiam as velas eram os que estavam envolvidos em abraços coletivos semi-reclinados ou em estilo tobogã, ou então deitados com os pés só de meias apoiados nas costas e ombros à sua volta, e que falavam como se de fato se empenhassem nas suas relações. As pessoas que, quando um novato parecia perdido numa noite de domingo, procuravam chegar perto dele antes dos demais para serem o primeiro a se apresentar. As pessoas que sabiam como olhar nos olhos de um amigo e dizer, "eu te amo", as pessoas capazes de perder a linha e chorar na frente do grupo, as pessoas que Mutton abraçava por trás e afagava com o focinho como um pai leão, as pessoas que Mutton precisaria ser um verdadeiro Cristo para não preferir. Podia me parecer estranho que um grupo que oferecia abrigo das turminhas excludentes do colegial, um grupo que se dedicava a atender os marginalizados, desse tamanha importância a uma cerimônia em que precisamente os mais inteligentes e confiantes eram ungidos como líderes; mas ainda havia duas velas a entregar, e uma delas vinha na minha direção e, ao invés de passar direto, dessa vez foi entregue nas minhas mãos, e, enquanto eu caminhava para a frente da sala para juntar-me ao novo conselho e virar-me sorrindo para a Irmandade que nos elegera, só conseguia pensar no quanto estava feliz.

4. Localização central

Kortenhof tinha ouvido falar de uma escola onde o pessoal dado a pregar peças conseguira passar um pneu de automóvel pelo topo de um mastro de dez metros de altura, como um anel num dedo, e aquilo lhe parecera uma façanha impressionante, elegante e magnífica, que nós, em nosso colégio, deveríamos tentar reproduzir. Kortenhof era filho de um advogado, tinha os modos diretos de um advogado e um perpétuo sorriso crocodiliano que o transformava numa companhia sempre divertida, embora um tanto assustadora. Todo dia na hora do almoço ele nos levava para fora do colégio e ficávamos contemplando o mastro enquanto ele nos transmitia suas mais recentes reflexões quanto à maneira certa de rodeá-lo com vários pneus radiais reforçados de aço. (Os radiais com reforço de aço, dizia ele, seriam mais difíceis de remover pela direção da escola.) Finalmente todos nós concordamos que aquele era um desafio técnico estimulante, digno de um investimento intenso de tempo e energia.

O mastro, que tinha doze metros de altura, ficava numa sapata de concreto perto da entrada principal do colégio, na Selma

Avenue. Era grosso demais na base para ser escalado com facilidade, e uma queda do alto poderia ser fatal. Nenhum de nós tinha acesso a uma escada extensível de mais de seis metros. Discutimos a possibilidade de construir uma espécie de catapulta, o que seria francamente espetacular, mas pneus voadores podiam causar estragos substanciais se errassem o alvo, e a Selma Avenue era patrulhada pela polícia com freqüência grande demais para corrermos o risco de ser apanhados com equipamento pesado, na hipótese de que fôssemos capazes de construí-lo.

O próprio colégio, contudo, podia ser usado como escada. O telhado só era dois metros mais baixo que a bola que ficava no topo do mastro, e sabíamos como chegar até lá. Meu amigo Davis e eu nos oferecemos para construir um Aparelho composto de cordas, uma polia e uma tábua comprida, que pudesse transportar um pneu do telhado até o topo e de lá fazê-lo cair envolvendo o mastro. Se o Aparelho não funcionasse, podíamos tentar laçar o topo do mastro com uma corda, trepados numa escada de pé para obter a altura adicional, e fazer o pneu deslizar corda abaixo até chegar ao alto do mastro. Se isso também desse errado, ainda podia ser possível, com muita sorte, reunir nossas forças para atirar um pneu do telhado e acertar com ele o topo do mastro, como num jogo de argolas.

Nós seis — Kortenhof, Davis, Manley, Schroer, Peppel e eu — nos encontramos perto do colégio numa noite de sexta-feira, no mês de março. Davis chegou trazendo uma escada de pé amarrada ao bagageiro do teto da caminhonete dos seus pais. Tivera alguns problemas em casa quando seu pai vira a escada, mas, como Davis era mais esperto e menos gentil que seu pai, tinha explicado que a escada pertencia a Manley.

"Sim, mas o que vocês vão fazer com ela?"

"Papai, a escada é do Ben."

"Eu sei, mas o que vocês vão fazer com ela?"

"Eu já disse! A escada é do Ben!"

"Christopher, eu ouvi perfeitamente da primeira vez. Eu só quero saber o que vocês pretendem fazer com ela."

"Meu Deus! Papai! *A escada é do Ben*. Quantas vezes eu preciso dizer? A escada *é do Ben*."

Para chegar ao telhado central do colégio, você precisava escalar uma calha robusta que passava perto das salas de música, atravessar um pátio forrado de cascalho preto e caramelo, depois subir uma escada de metal e escalar uma parede de dois metros e meio. A menos que você fosse eu, também precisaria parar no caminho a fim de me puxar para cima quando chegasse à parede de dois metros e meio. O surto de crescimento que eu tivera no ano anterior tinha me deixado mais alto, mais pesado e mais desajeitado, mas praticamente sem alterar a força quase nenhuma que eu tinha nos braços e nos ombros.

É provável que ninguém me visse como um companheiro ideal de atividade criminosa, mas eu estava com Manley e Davis, meus velhos amigos, que eram atléticos e tinham prática na escalada de prédios públicos. No último ano do colégio, Manley tinha quebrado o recorde de flexão de braços suspenso na barra, tendo chegado a 23. Quanto a Davis, jogava na defesa do time de futebol americano, tinha estreado no ataque do time de basquete e era incrivelmente resistente. Certa vez, num acampamento que fizemos num parque estadual deserto do Missouri, numa manhã tão fria que rachamos as nossas grapefruits com uma machadinha e as pusemos para grelhar numa fogueira (estávamos numa fase de explorar as possibilidades da cozinha frutariana), encontramos uma velha tampa de capô de carro presa a uma corda, irresistível, irresistível. Amarramos a corda ao Travelall do nosso amigo Lunte, que saiu a uma velocidade absurda pelas estradas geladas do parque, rebocando Davis enquanto eu observava do banco de trás. Estávamos a uns 65 por hora quando a estrada pegou um declive inesperado. Lunte precisou frear com força e desviar o volante para evitar a capotagem da caminhonete, o que fez a corda estalar como um chicote e lançou Davis a uma velocidade espantosa na direção de uma fileira de robustas mesas de piquenique empilhadas em formação de dominós alinhados. Era o tipo de colisão em que gente morria. Houve uma ensolarada explosão de pó de neve cintilante e madeira rachada, e, pelo pára-brisa traseiro, enquanto a neve assentava e Lunte finalmente conseguia controlar o veículo, vi Davis surgir a trote em nossa direção, mancando um pouco e trazendo nas mãos um grande fragmento de mesa de piquenique. Ele gritava, contou mais tarde, "Estou vivo! Estou vivo!". Tinha destruído uma das mesas — despedaçada em centenas de fragmentos — com o calcanhar.

Também foram arrastados para cima do telhado, juntamente comigo, a escada de abrir, muitos metros de corda, dois pneus radiais carecas com reforço de aço e o Aparelho que Davis e eu tínhamos construído. Debruçados na balaustrada, quase conseguíamos *encostar os dedos* no mastro. O objeto da nossa fixação não estava a mais de três metros e meio de distância, mas seu revestimento de tinta de alumínio confundia-se com o céu nublado e brilhante do subúrbio por trás dele, e era curiosamente difícil de distinguir. Parecia ao mesmo tempo próximo e distante, incorpóreo e muito acessível. Nós seis ficamos ali achando que poderíamos alcançá-lo, grunhindo e exclamando de desejo de tocá-lo.

Embora Davis fosse um mecânico melhor, eu tinha muito mais facilidade do que ele para defender meus argumentos. O resultado da equação era que quase nenhum dos Aparelhos que construíamos funcionava. Sem dúvida, e logo ficou claro, o Aparelho daquela vez não tinha a menor chance. Na ponta da tábua havia um ressalto grosseiro de madeira que jamais conseguiria se prender ao mastro, especialmente sob o peso adicional de um pneu; e havia ainda a dificuldade mais fundamental para nós de precisarmos nos debruçar por cima da balaustrada e fazer força para controlar uma tábua pesada ao mesmo tempo em que tentávamos empurrá-la na direção de um mastro que, sempre que atingido, fazia barulho e balançava assustadoramente. Tivemos sorte de não deixar o Aparelho cair quebrando uma das janelas dos andares abaixo de onde estávamos. O veredicto coletivo foi rápido e implacável: *uma boa merda*.

Eu ri e disse a mesma coisa: *uma boa merda*. Mas me afastei para um canto, com a garganta apertada de decepção, e fiquei sozinho enquanto todos os outros tentavam laçar o poste. Peppel bamboleava como um vaqueiro de rodeio.

"John-Boy, me dê o laço aqui!"

Por cima da balaustrada, era possível ver as copas escuras das árvores de Webster Groves e as luzes mais distantes das torres de tevê que demarcavam os limites da minha infância. Um vento noturno que vinha do campo de treinamento de futebol trazia o cheiro de terra invernal descongelada, o grande cheiro melancólico do mundo e de estar vivo debaixo do céu. Em minha imaginação, como nos desenhos a lápis que eu tinha feito, imaginara o Aparelho funcionando de forma brilhante. O contraste entre o belo resultado dos meus sonhos e o completo fracasso da minha execução, o desespero que esse contraste me provocava, deixava-me completamente acabrunhado. Eu me sentia identificado com o Aparelho rejeitado. Estava cansado, com frio, e queria ir para casa.

Eu tinha crescido cercado por ferramentas, com um pai capaz de construir qualquer coisa, e achava que também seria capaz de fazer qualquer coisa. Seria muito difícil fazer um furo reto numa peça de madeira? Eu me aplicava com a máxima concentração, mas a ponta da broca emergia num ponto totalmente errado do outro lado da tábua, e eu ficava pasmo. Sempre. Chocado. Na décima série, decidi construir um telescópio de refração com montagem equatorial e um tripé, e meu pai, ao ver o tipo de trabalho que eu estava fazendo, teve pena de mim e construiu ele próprio a coisa toda. Cortou tiras de cano de ferro para o corpo, derramou cimento numa lata de café para obter o contrapeso, serrou uma velha cabeceira de cama de aço-carbono para fazer a base do tripé e criou uma jeitosa moldura para a lente com metal galvanizado em folha, parafusos e pedaços de embalagem de sorvete de plástico. A única parte do telescópio que eu construí sozinho foi a ocular, que resultou a única parte que não funcionava direito, o que inutilizou praticamente todo o aparelho. E era por isso que eu detestava ser jovem.

Já passava das nove horas quando finalmente Peppel conseguiu laçar a ponta do mastro. Deixei meu desalento e me associei aos aplausos gerais. Mas novas dificuldades surgiram de imediato. Kortenhof subiu na escada e puxou o laço para cima até uns vinte centímetros da bola do topo do mastro, mas naquele ponto a corda prendeu nas polias e nos cabos das bandeiras. A única maneira de fazer um pneu passar pelo topo do mastro seria sacudir violentamente a corda:

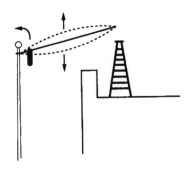

Quando passamos o pneu pela corda, porém, ela cedeu e ficou totalmente fora do alcance do topo do mastro:

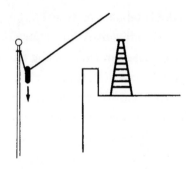

Para erguer o pneu, Kortenhof precisou puxar a corda com força, o que, do alto daquela escada, era uma boa maneira de sair voando por cima da balaustrada. Quatro de nós agarramos a escada e fizemos força na direção oposta. Mas isso transferiu uma tensão imensa para o próprio mastro:

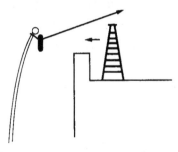

O mastro produzia inquietantes rangidos e estalos à medida que se inclinava em nossa direção. Também ameaçava, à maneira de uma gigantesca vara de pesca, dar um violento puxão para o lado oposto e lançar Kortenhof por cima da Selma Avenue como uma isca na ponta de uma linha de pesca. Estávamos num novo impasse. Nosso encantamento ao ver um pneu muito próximo da bola desejada, a centímetros da penetração tão esperada, só aumentava nossa aflição.

Dois meses antes, em torno da época em que completou quinze anos, a primeira namorada que tive na vida, Merrell, tinha terminado comigo de uma hora para outra. Era uma menina bem intelectualizada da Irmandade, com pernas fortes vestidas de cotelê e cabelos castanhos escorridos que lhe caíam até a carteira no bolso traseiro das calças. (Bolsas, achava ela, eram coisa de mulherzinhas e antifeministas.) Tínhamos nos encontrado num retiro para membros da igreja numa casa de campo, em que eu desenrolara meu saco de dormir dentro de um closet acarpetado para o qual Merrell e seu respectivo saco de dormir depois migraram a uma velocidade enlouquecedoramente lenta. Nos meses que se seguiram, Merrell tinha corrigido meus maneirismos mais notórios e minhas concepções errôneas mais ofensivas em relação às mulheres, e de vez em quando ainda me deixava beijá-la. Ficamos de mãos dadas durante todo o meu primeiro filme adulto, *Destino insólito*, de Lina Wertmüller, que duas conselheiras feministas da Irmandade nos levaram para ver por motivos políticos um tanto obscuros. ("Sexo, mas não explícito", anotei no meu diário.) Então, em janeiro, provavelmente reagindo às minhas tendências obsessivas, Merrell começou a se ocupar com outros amigos e a me evitar. Pediu transferência para uma academia particular local destinada aos bem-dotados e aos bem de vida. Perplexo e magoado, renunciei àquilo que eu aprendera na Irmandade a chamar de "estagnação" de ligações românticas.

Embora nossa manobra com o mastro não tivesse saída, Kortenhof e Schroer puxavam a corda com violência cada vez maior, fazendo o mastro sacudir e estremecer, enquanto os mais medrosos dentre nós — Manley e eu — lhes pedíamos que parassem. Finalmente, inevitavelmente, alguém acabou soltando a ponta da corda, e todos voltamos para casa com um novo problema: se a corda ainda estivesse lá na manhã de segunda, a direção do colégio iria adivinhar o que tínhamos planejado.

Voltando na noite seguinte, sábado, arrebentamos o cadeado da base do mastro, soltamos os cabos das bandeiras e tentamos desprender nossa corda sacudindo os cabos, mas não deu certo. A corda antes esticada agora pendia flácida ao longo do mastro inconquistado, sua ponta desfeita rodopiando ao vento, a seis metros do solo. Voltamos na noite de domingo com um cadeado novo e nos revezamos tentando escalar o mastro grosso demais, cada um por sua vez. Àquela altura, a maioria desistiu — pode ser que tivéssemos trabalhos escolares, e Schroer era adepto fanático do *Monty Python*, que ia ao ar às onze —, mas Manley e Davis voltaram mais uma vez ao colégio e conseguiram soltar a corda subindo um nos ombros do outro e sacudindo os cabos com toda a força. Puseram nosso cadeado no mastro; agora ele era nosso refém.

Os pais de Manley eram muito permissivos, e a casa de Kortenhof era tão grande que ele podia entrar e sair sem despertar a atenção, mas a maioria de nós tinha uma certa dificuldade de evitar a vigilância dos pais depois da meia-noite. Numa certa manhã de domingo, depois de duas horas de sono, desci para tomar o café-da-manhã e encontrei meus pais trancados num silêncio ameaçador. Meu pai estava no fogão, fritando nossos ovos semanais de antes da igreja. Minha mãe franzia as sobrancelhas com o que, hoje sei, era mais medo do que censura. E havia medo também na sua voz. "Papai disse que ouviu você entrando em casa quando já era dia claro", disse ela. "Deviam ser seis horas. Você estava na rua?"

Flagrado! Eles tinham me Flagrado!

"É", respondi. "Eu estava no parque, com Ben e Chris."

"Você disse que ia dormir cedo. Sua luz estava apagada."

"É", disse eu, os olhos fixos no chão. "Mas não consegui dormir, e eles disseram que iam estar no parque, sabe como é, se eu não conseguisse dormir."

"E o que você ficou fazendo por lá até tão tarde?"

"Irene", advertiu meu pai, do fogão. "Não faça a pergunta se depois não for capaz de enfrentar a resposta."

"Só conversando", respondi.

A sensação de ter sido Flagrado era parecida com a onda que eu senti uma vez, depois de inalar o gás de várias latas de creme batido com Manley e Davis — uma sensação inchada e tonta de ser todo superfície, enquanto meu eu interior ficava tão flagrante e gigantesco que parecia forçar o ar para fora dos pulmões e mandar todo o sangue para a cabeça.

Associo essa sensação à resposta de um motor de carro acelerado, o ronco surdo do Buick da minha mãe quando ultrapassava com uma velocidade assustadora e incrível nosso portão e entrava na garagem de casa. Fazia parte da natureza desse ronco surdo eu sempre ouvi-lo muito antes do que queria ou esperava. Eu era Flagrado me divertindo em particular, geralmente na sala, ouvindo música, e precisava sempre sair correndo.

Nosso aparelho de som veio alojado num console de mogno do tipo que ainda hoje se encontra em certas lojas de aparelhos usados. A marca era Aeolian, e seus alto-falantes ficavam ocultos por trás de portas que minha mãe insistia em manter fechadas quando sintonizava a estação local de música instrumental de elevador, a KCFM, para os seus convidados enquanto jantávamos; arranjos orquestrais de "Penny Lane" e "Cherish" lutavam para atravessar a madeira das portas num sussurro abafado, e os puxadores pendentes de metal zumbiam com a ressonância das vozes que surgiam nos comerciais que iam ao ar de meia em meia hora. Quando eu ficava sozinho em casa, abria as portas e punha para tocar meus discos, na maioria herdados dos meus irmãos. Meus dois conjuntos prediletos naqueles anos anteriores ao punk eram o Grateful Dead e os Moody Blues. (Meu entusiasmo por estes últimos persistiu até eu ler, numa resenha da *Rolling Stone*, que a música que produziam convinha "ao tipo de pessoa que se apressa em murmurar 'eu te amo' para uma transa de uma noite".) Numa certa tarde, eu estava ajoelhado no altar da Aeolian, tocando uma canção especialmente xaroposa dos Moody Blues a um volume tão alto que não ouvi o ronco surdo do carro da minha mãe. Ela irrompeu na casa berrando, "Desligue essa coisa! Esses rocks horrendos! Não suporto isso! Desligue logo!". E essa sua queixa era injusta; a canção, que não era de maneira alguma um rock, falava de sentimentos tão diluídos como a música da KCFM: *A vida é estranha/ Uma página virada/... dá vontade de chorar.* Mas ainda assim eu me senti plenamente Flagrado.

O carro que eu preferia ouvir era o do meu pai, o Cougar com que ele ia ao trabalho, porque nunca voltava para casa de maneira inesperada. Meu pai tinha uma compreensão clara do que era privacidade, e estava sempre ansioso para aceitar a identidade do aluno nota dez de ponta a ponta que eu me esforçava por lhe apresentar. Ele era meu aliado racional e esclarecido, o engenheiro poderoso que me ajudava a reforçar e guarnecer meus diques contra o mar sempre invasivo da minha mãe. Ainda assim, por temperamento, não era menos hostil do que ela à minha adolescência.

Meu pai vivia assolado pela suspeita de que os adolescentes estavam *se safando impunes*: de que seus prazeres não eram devidamente travados pela consciência e a responsabilidade. Meus irmãos foram o alvo do grosso desse ressentimento, mas mesmo comigo às vezes ele deixava escapar pronunciamentos da mesma ordem acerca do meu caráter. Dizia, "Você demonstra um certo gosto por coisas caras, mas não pelo trabalho que dá ganhar o necessário para comprá-las". E, "Amigos são uma coisa ótima, mas toda noite a noite inteira é demais". Ainda tinha uma frase de dois gumes que não conseguia parar de repetir toda vez que chegava em casa do trabalho e me encontrava lendo um romance ou jogando com meus amigos: "É a ronda interminável do prazer".

Quando eu tinha quinze anos, Hoener, minha amiga da Irmandade, e eu começamos uma correspondência poética. Ela vivia num outro distrito escolar, e num domingo de verão veio para casa conosco depois da igreja e passou a tarde comigo. Caminhamos até a minha antiga escola primária e brincamos na terra; fizemos estradinhas de terra, pontes de casca de árvore e casas de galhos finos no chão, debaixo de uma árvore. Os amigos de Hoener na escola onde ela estudava faziam as coisas normais — beber, experimentar sexo e drogas — que eu não fazia. Eu tinha medo da beleza de Hoener e de seu savoir-faire, e fiquei aliviado ao descobrir que ela e eu tínhamos a mesma visão romântica da infância. Já havíamos crescido o suficiente para não termos mais vergonha de brincar como crianças pequenas, mas ainda éramos jovens o suficiente para nos envolvermos na brincadeira. Ao final da nossa tarde, eu já estava perto de lhe dizer "te amo". Eu achava que deviam ser umas quatro horas, mas quando chegamos de volta à minha casa encontramos o pai de Hoener à sua espera dentro do carro. Eram seis e quinze da tarde, e ele já estava esperando havia uma hora. "Oops", disse Hoener.

Quando entrei em casa, meu jantar estava frio na mesa. Meus pais (e isso era uma situação sem precedentes) já tinham jantado sem mim. Minha mãe apareceu de repente e disse, "Seu pai quer lhe dizer uma coisa antes de você comer".

Fui até a sala de estar, onde meu pai estava com a pasta aberta no colo. Sem levantar os olhos, ele anunciou, "Você não vai mais ver Fawn".

"O quê?"

"Você e ela passaram cinco horas por aí. O pai dela queria saber onde vocês estavam. E eu tive de dizer que não tinha a menor idéia."

"Nós só fomos até a Escola Clark."

"Você não vai mais ver Fawn."

"Por que não?"

"Calpúrnia está acima de qualquer suspeita", disse ele. "Mas você, não."

Calpúrnia? Suspeita?

Mais tarde, naquela mesma noite, depois que meu pai se acalmou, veio até o meu quarto e me disse que eu poderia voltar a ver Hoener, se quisesse. Mas eu já incorporara sua desaprovação. Comecei a mandar cartas ofensivas e estúpidas para Hoener, e comecei a mentir tanto para meu pai quanto para minha mãe. Seus problemas com meu irmão em 1970 foram o tipo do conflito que eu tendia a evitar, e o grande erro de Tom, a meu ver, tinha sido sua incapacidade de manter as aparências.

Cada vez mais, eu apresentava duas versões diferentes de mim mesmo, a versão oficial, de um rapaz de cinqüenta anos de idade, e o adolescente extra-oficial. Chegou um momento em que minha mãe me perguntou por que todas as minhas camisetas estavam desenvolvendo furos ao nível do umbigo. A versão oficial de mim não tinha resposta; mas o adolescente extra-oficial sabia. Em 1974, camisetas brancas de gola redonda usadas por baixo da camisa eram vistas como um suicídio em matéria de estilo, mas minha mãe vinha de um mundo em que as camisetas coloridas pareciam ter a mesma estatura moral das camas d'água e das pinças para pontas de baseado, e se recusava a me deixar usá-las. Toda manhã, portanto, antes de sair de casa, eu puxava minha camiseta para baixo até que a gola parasse de aparecer, e prendia a barra às minhas cuecas. (Às vezes os alfinetes se abriam e me espetavam a barriga, mas a alternativa — sair sem camiseta alguma por baixo — teria feito com que eu me sentisse nu demais.) Sempre que eu tinha uma chance, ia até o banheiro dos rapazes e trocava as camisas mais comprometedoras. Minha mãe, em seu esforço de economizar, preferia as camisetas mais baratas com a gola de malha, quase sempre de poliéster, o que me deixava ao mesmo tempo com cara de filhinho obediente e de golfista de meia-idade, e ainda irritava meu pescoço como que para não me deixar esquecer da vergonha de usá-las.

Por três anos, ao longo de todo o colegial, minha morte social era causada por inúmeros fatores. Eu tinha um bom vocabulário e uma voz rachada, usava óculos de armação de osso, não tinha força nos braços, era obviamente aprovado pelos professores e tinha impulsos irresistíveis de gritar piadas sem graça, conhecia J. R. R. Tolkien quase de cor, tinha um laboratório grande de química no porão, uma inclinação a dirigir insultos íntimos a qualquer garota desconhecida que tivesse a insensatez de conversar comigo, e assim por diante. Mas a causa real da morte, a meu ver, era a recusa da minha mãe em me deixar ir à escola de jeans. Nem meu velho amigo Manley — que tocava bateria, conseguia fazer 23 flexões de braço na barra e foi eleito representante de turma na nona série — podia conviver socialmente comigo.

O socorro finalmente chegou na décima série, quando descobri as calças de veludo Levi's de perna reta e, graças ao feliz acaso da minha filiação congregacional, fui parar no centro do bando da Irmandade no meu colégio. Quase que da noite para o dia, deixei de temer a hora do almoço e passei a comer numa das mesas mais concorridas da Irmandade, presidida por Peppel, Kortenhof e Schroer. Até Manley, que agora tocava bateria num conjunto chamado Blue Thyme, começara a freqüentar os encontros da Irmandade. Um sábado, no outono do primeiro colegial, ele me ligou e perguntou se eu queria ir ao shopping com ele. Eu tinha combinado de ir me encontrar com meu amigo de ciências, Weidsman, mas deixei-o de lado na mesma hora e nunca mais estivemos juntos.

No almoço de segunda-feira, Kortenhof veio contar muito satisfeito que nosso cadeado continuava preso ao mastro e que nenhuma bandeira tinha sido hasteada. (Estávamos em 1976, e o colégio era um tanto frouxo em matéria do cumprimento dos seus deveres patrióticos.) O passo que obviamente precisávamos dar agora, disse Kortenhof, era formar um grupo e exigir que fosse oficialmente reconhecido. Então escrevemos um bilhete —

Prezado Senhor,
Seqüestramos seu mastro. Aguarde novos detalhes.

— decidimos às pressas assinar o bilhete com as letras "U. N. C. L. E." (inspirados pelo programa de tevê dos anos 60) e o enfiamos na caixa de correspondência do diretor do colégio, o sr. Knight.

O sr. Knight era um gigante de barba e cabelos ruivos e jeitão nórdico. Tinha um modo de andar meio trôpego e de lado, com pausas freqüentes para suspender as calças, e a postura curvada do homem que passava os dias dando atenção a gente menor. Conhecíamos sua voz dos anúncios que fazia regularmente pelo sistema de alto-falantes do colégio. Suas primeiras palavras — "Professores, desculpem a interrupção" — quase sempre soavam muito tensas, como se num primeiro momento ele hesitasse nervoso diante do microfone, mas depois disso sua cadência era gentil e espontânea.

O que nós seis queríamos, mais que qualquer outra coisa, era sermos reconhecidos pelo sr. Knight como espíritos afins, como personagens que transcendiam o mero confronto entre o mau comportamento escolar comum e a força da direção. E por toda uma semana nossa frustração só fez aumentar, porque o sr. Knight continuava a nos ignorar por completo, tão inatingível quanto a ponta do mastro (que, em nossa correspondência, decidimos tratar como se pertencesse pessoalmente a ele).

Ao final das aulas de segunda-feira, recortamos e colamos palavras e letras de várias revistas:

Exigimos com todo o Respeito que o senhor reconheça oficialmente nossa organização. Às duas e meia da tarde de terça-feira. Comece com "professores, desculpem a interrupção...". Se o senhor cumprir as instruções, devolveremos seu mastro em algum momento da quarta-feira.

UNCle

A frase "professores, desculpem a interrupção" foi idéia de Manley, só para sacanear o sr. Knight. Mas Manley, como eu, também estava preocupado com a possibilidade da direção do colégio reagir com energia ao nosso grupo caso passássemos a ter fama de vândalos, de maneira que voltamos ao colégio naquela noite com uma lata de tinta aluminizada e consertamos os estragos que tínhamos feito no mastro quando destruímos o velho cadeado. Na manhã seguinte, entregamos o pedido de resgate e, às duas e meia da tarde, estávamos os seis, nas nossas respectivas salas, esperando que o sr. Knight fizesse o pronunciamento exigido, apesar de todos os indícios em contrário.

Nosso terceiro bilhete foi datilografado numa folha de caderno encimada por um ALÔ gigante escrito em verde-abacate:

Uma vez que constituímos uma fraternidade de criaturas generosas, decidimos dar-lhe uma última chance. E, visto que o senhor não aceitou nossa exigência anterior, viemos por meio desta reiterá-la. A saber: seu reconhecimento oficial da nossa organização pelo sistema de alto-falantes às 2h59 na quarta-feira, 17 de março. Se o senhor fizer o que pedimos, seu mastro será devolvido na manhã de quinta-feira.

U.N.C.L.E.

Também produzimos com uma fronha e fita isolante uma bandeira da U.N.C.L.E., que hasteamos no mastro na calada da noite. Mas o gabinete do sr. Knight nem tomou conhecimento da bandeira até Kortenhof casualmente apontá-la para um professor — dois funcionários da manutenção foram mandados para o lado de fora com ordens de serrar nosso cadeado e baixar a bandeira pirata —, e nosso bilhete foi ignorado. Ainda ignorou um quarto bilhete, que lhe oferecia uma compensação de dois dólares pelo cadeado quebrado. E mais um quinto bilhete, em que reiterávamos nossa oferta e negávamos categoricamente qualquer insinuação de que nossa bandeira pudesse ter sido hasteada para comemorar o Dia de São Patrício.

Ao final dessa semana, só tínhamos conseguido atrair o interesse dos outros alunos. Havíamos exagerado nos sussurros e nas conspirações pelos corredores, e Kortenhof falara demais. Aceitamos um sétimo membro só para comprar seu silêncio. Mas duas garotas da Irmandade me interrogaram intensamente: Mastro? Uncle? Podemos entrar?

Como os rumores estavam aumentando, e Kortenhof desenvolvera um plano para uma proeza muito mais ambiciosa e notável, decidimos mudar de nome. Manley, que tinha um apego meio insolente e meio genuíno pelo humor realmente estúpido, propôs o nome de DIOTI. Escreveu o nome num papel e me entregou.

"Um anagrama de '*idiot*'?"

Manley deu uma risadinha e sacudiu a cabeça. "Mas também é '*tio*', que é o mesmo que '*uncle*' em espanhol, e 'di', que significa 'dois'. U.N.C.L.E. dois, entendeu?"

"Di-tio."

"Só que as letras estão embaralhadas. DIOTI soa melhor."

"Meu Deus, quanta estupidez."

Ele assentiu com a cabeça, animado. "Eu sei! É de uma estupidez incrível! Não é o máximo?"

Nove de nós nos esprememos em dois carros muito tarde da noite do último sábado do ano letivo, usando roupas escuras e gorros pretos, carregando rolos de corda e mochilas contendo martelos, chaves inglesas, alicates, chaves de fenda e plantas do colégio desenhadas por nós mesmos, quando um carro de polícia contornou a esquina da Selma Avenue e acendeu seu holofote em cima de nós.

Meu instinto imediato em situações envolvendo a polícia, afinado por anos soltando fogos de artifício numa comunidade onde eles eram proibidos, era sair correndo para a escuridão do gramado mais próximo. Metade da DIOTI saiu pulando e se dispersando atrás de mim. Fazia muito tempo que eu não corria sem convite por gramados no escuro. Tudo estava coberto de orvalho, e você podia esbarrar com um cachorro ou prender o pé num arco de croqué. Parei e me escondi num canteiro de rododendros onde Schroer, o discípulo do *Monty Python*, também se ocultava.

"Franzen? É você? Você está fazendo barulho demais."

Na minha mochila, além das ferramentas, eu tinha trazido ovos de Páscoa e um pouco de grama verde de plástico, cinco quadrinhas rimadas que tinha datilografado em tiras de papel de qualidade, além de outros equipamentos especiais. À medida que minha respiração se acalmou, comecei a ouvir o rumor distante do motor do carro de polícia em ponto morto e uma discussão murmurada. Então, de forma mais distinta, um chamado em voz contida: "Podem sair, tudo em ordem!". A voz pertencia a Holyoske, um dos novos recrutas.

"A história", sussurrou Holyoke enquanto o seguíamos até o carro de polícia, "é que estamos indo ajudar a fechar uma porta. A porta da frente da casa de Gerri Chopin. Estamos indo para a casa dela fechar a porta da frente. As cordas são para amarrar a porta, e as ferramentas, para soltar as dobradiças."

"Michael, mas isso não faz o menor — "

"Por que tirar as dobradiças se nós estamos querendo — "

"Olá!"

"Olá, senhor!"

O policial estava sentado diante dos faróis do carro, examinando as mochilas, verificando os documentos de identidade. "Só tem isso? O cartão da biblioteca?"

"Sim, senhor."

Ele vasculhou a mochila de Peppel. "O que você pretende fazer com essa corda tão comprida?"

"Não é uma corda comprida", disse Peppel. "São várias cordas curtas amarradas uma na outra."

Seguiu-se um breve silêncio.

O policial perguntou se sabíamos que já passava da uma da manhã.

"Sabemos, sim", respondeu Manley, adiantando-se e empertigando os ombros. Ele tinha um comportamento direto cuja vacuidade irônica nenhum adulto, só os seus iguais, parecia capaz de detectar. Professores e mães achavam Manley irresistível. Mesmo a minha mãe, apesar dos cabelos compridos até o ombro, era caída por ele.

"E então, o que vocês estão fazendo na rua tão tarde?"

Manley baixou a cabeça e confessou que estávamos pensando em ir amarrar a porta da casa dos Chopin. Seu tom sugeria que ele tinha acabado de perceber agora o que até minutos antes lhe escapava: que aquela idéia era péssima, além de totalmente infantil. De pé atrás dele, três ou quatro de nós apontamos para a casa dos Chopin. A casa fica logo ali, dissemos ao policial. O policial examinou a porta. Ao que tudo indicava, éramos uma equipe grande demais, com tantas cordas e ferramentas, só para consertar uma porta de tela, e estávamos a menos de cem metros do colégio no momento do apogeu da estação das travessuras clandestinas. Mas estávamos no ano de 1976, éramos todos brancos e não tínhamos bebido. "Vão para casa dormir", disse ele.

O carro da polícia seguiu a caminhonete de Kortenhof até sua casa, onde, no quarto dele, decidimos não fazer uma segunda tentativa naquela mesma noite. Se esperássemos até terça, poderíamos usar uma justificativa melhor para a nossa surtida. Podíamos dizer, lembrei, que estávamos observando uma ocultação estelar muito incomum pelo planeta Marte, e que precisávamos de ferramentas para montar o telescópio. Fiz questão de que todos decorassem o nome falso da estrela que inventei: NGC 6346.

Por sorte, o céu estava limpo na noite de terça-feira. Davis saiu escondido de casa pulando de uma janela. Schroer passou a noite na casa de Peppel e ajudou-o a empurrar o carro da família até ficar fora de alcance dos ouvidos dos pais dele antes de dar a partida. Manley, como sempre, simplesmente entrou no Opel do pai e foi até a minha casa, onde eu tinha descido pela janela do meu quarto e recuperava as peças do meu telescópio, até então sem qualquer utilidade, das moitas onde as tinha escondido.

"Vamos fazer nossas observações enquanto Marte oculta a estrela NGC 6346", recitou Manley.

Eu me sentia um pouco culpado por aquele mau uso da astronomia, mas sempre cultivara alguma dubiedade em minhas relações com a natureza. O cinqüentão oficial gostava de ler sobre ciência; o adolescente extra-oficial interessava-se mais pelo mundo do espetáculo. Eu desejava conseguir pôr as mãos em um pouco de selênio ou rubídio puros, pois quem mais tinha selênio ou rubídio puro em casa? Mas quando a substância não era rara, colorida, inflamável ou explosivamnte reativa, não fazia sentido roubá-la da escola. Meu pai, meu aliado racional, que de acordo com suas próprias palavras se casara com minha mãe porque "ela escrevia bem e eu achava que quem escrevia bem sabia fazer tudo", e que desde então sofria diante da natureza nada romântica da esposa, estimulava-me a ser um cientista, desencorajando-me da idéia de escrever criativamente. Num Natal, como presente, construiu para mim uma bancada de laboratório com todos os requisitos, e por algum tempo imaginei que poderia manter um caderno de anotações mais rigoroso. Minha primeira e última experiência foi isolar "nylon puro" derretendo um pedaço de meia-calça num cadinho. Voltando-me para a astronomia, eu continuava satisfeito enquanto ficava na leitura dos livros, mas esses livros reproduziam páginas de cadernos de astrônomos amadores cujo exemplo ordeiro eu não era capaz de seguir por um minuto que fosse. Eu só queria contemplar coisas bonitas.

Atravessando as ruas fantasmagóricas de Webster Groves no carro com Manley, sentia-me impelido pela mesma sensação estimulante que a neve me transmitia quando eu era pequeno, um encantamento que transformava as superfícies habituais. As longas fileiras de casas escuras, suas janelas que refletiam opacas as luzes da rua, estavam tão imóveis quanto cavaleiros de armadura transformados em estátua por um feitiço. Era exatamente o que Tolkien e C. S. Lewis tinham nos ensinado: existia de fato um outro mundo. A rua, despovoada de carros e perdendo-se na distância enevoada, continuava mesmo para sempre. Coisas incomuns podiam acontecer quando ninguém estava olhando.

No telhado do colégio, Manley e Davis reuniram cordas para descer em rapel pelas paredes externas do prédio, enquanto Kortenhof e Schroer partiram para o ginásio, onde planejavam entrar por uma janela alta e pular de lá para uma das camas elásticas dobradas. O resto da DIOTI entrou por um alçapão, esgueirando-se por uma passagem baixa e indo parar num depósito do departamento de biologia.

Nossas plantas do prédio mostravam as trinta e poucas sinetas que tínhamos localizado enquanto fazíamos o levantamento. A maioria delas era do tamanho de um coco cortado ao meio, e estava instalada nas paredes dos corredores. Durante um horário de almoço, tínhamos dado um calço a Kortenhof, que desatarrachara a cúpula metálica de uma dessas sinetas e a silenciara removendo o martelo percussor — um cilindro de metal enegrecido de grafite da grossura de um lápis — de seu engate eletromagnético. Duas equipes de dois dedicaram-se agora a silenciar as outras sinetas e coletar todos os percussores.

Eu levava minhas tiras de papel e trabalhava sozinho. Num corredor do segundo andar, ao nível do joelho entre dois armários, ficava um intrigante buraco coberto por uma tampa metálica com dobradiças. O buraco levava a recessos obscuros do prédio. Manley e eu muitas vezes passáramos vários minutos falando para dentro daquele buraco e esperando respostas.

No meu laboratório de casa, eu enrolara com força uma das minhas tiras de papel, que selara no interior de um segmento de tubo de vidro com um bico de Bunsen, amarrando e prendendo com fita adesiva um pedaço de barbante em torno do tubo. Baixei essa ampola pelo buraco da parede até ela sumir de vista. Em seguida, amarrei o barbante à dobradiça e fechei a portinhola de metal. Na tira de papel, havia uma quadrinha em versos rimados:

A base da veneziana
Contém mais uma pista.
Olhem na sala de reuniões
Que da biblioteca se avista.

Na veneziana, mais uma quadrinha que eu tinha plantado no horário das aulas:

Existe uma pista atrás da placa
Do lado oeste — não brinco —
Dos grandes portões de madeira
Junto à sala três-meia-cinco.

Fui em frente e desaparafusei a placa de metal do portão cortafogo e prendi mais uma tira de papel à madeira por baixo dela:

Por último, mais uma pista
Que de um livro nos comove
é o Pequeno livro dos sinos
E o código, sete-oito-nove.

Havia mais quadrinhas: uma oculta num aparelho de iluminação de emergência, outra enrolada dentro de uma tela de projeção, e mais uma enfiada num livro da biblioteca chamado *Os clubes do colégio*. Algumas das quadrinhas podiam ter sido mais trabalhadas, mas ninguém achou que estivessem uma merda completa. Minha idéia era tornar a escola um lugar encantado para o sr. Knight, transformar temporariamente o prédio num lugar estranho e cheio de possibilidades, como uma dádiva; e estava em pleno processo de descobrir que escrever era um modo de obter esse efeito.

Ao longo dos dois meses anteriores, alunos das cinco turmas de física do colégio tinham escrito e produzido uma farsa sobre Isaac Newton, *A conexão do figo*. Eu co-dirigira o comitê de dramaturgia junto com uma garota bonita do último ano, Siebert, em relação a quem eu desenvolvi em pouco tempo fortes sentimentos tendentes à estagnação. Siebert era uma garota sem muita vaidade, que usava macacão e sabia acampar, mas também era artista, desenhava e escrevia com facilidade e sempre andava com as mãos manchadas de carvão e tinta acrílica, mas também era bem mulher e atraente; de vez em quando soltava os cabelos e usava saias de cintura alta. Eu a queria toda para mim, e tinha raiva dos outros rapazes quando alguém sugeria querer alguma parte dela. Nossa peça foi tão bem recebida que um dos professores de inglês sugeriu que Siebert e eu tentássemos publicá-la. Da mesma forma como tudo dava errado para mim no começo do colegial, agora tudo estava dando certo.

Em torno das três, a DIOTI se reuniu no telhado com 25 percussores e cinco cúpulas de metal, estas últimas atrevidamente desatarrachadas das sinetas maiores, presas em pontos mais altos da parede. Atamos os percussores com fita cor-de-rosa, enchemos a cúpula maior com grama de plástico e ovos de Páscoa, acomodamos os percussores e as cúpulas menores na grama plástica e enfiamos tudo na passagem baixa que dava no depósito dos cursos de biologia. Na volta para casa, Peppel e Schroer é que tiveram mais trabalho, tendo de empurrar o carro de Peppel ladeira acima até a garagem da sua casa. Eu entrei em casa pela janela com menos cautela do que de costume. Nem me incomodaria muito ser flagrado; dessa vez, eles não tinham como estragar o que eu estava sentindo.

E voltar para o colégio quatro horas mais tarde e ver o lugar tão povoado, depois de tê-lo visto tão deserto: eis uma antecipação do que é ver vestida à luz do dia a primeira pessoa com quem você passou a noite sem roupa.

E o silêncio, então, às oito e quinze, quando as sinetas deviam ter soado, mas não tocaram: essa transformação do som habitual em silêncio, e depois só o som de palmas, aquela linda ausência, foi como a poesia que eu desejava aprender a escrever.

No final da primeira aula, a voz de um professor saiu dos alto-falantes da sala anunciando que as sinetas não estavam funcionando. Mais adiante, na mesma manhã, o professor começou a anunciar não apenas as horas, mas também, estranhamente, a temperatura. O calor do verão entrava pelas janelas abertas, e sem o toque habitual das sinetas as multidões nos corredores pareciam desreguladas, e as fronteiras entre as horas se apagavam.

Na hora do almoço, Manley trouxe a boa notícia: o sr. Knight não estava fazendo ele próprio as comunicações pelos alto-falantes porque se dedicava a seguir as pistas. Manley o observara em segredo no segundo andar, espiando no buraco atrás da portinhola de metal. Apesar do tom familiar que adotamos com relação a ele, poucos membros da DIOTI, entre os quais eu não me incluía, mal tinham trocado duas palavras com o sr. Knight. Ele era a Autoridade ideal, distante, benigna e absurda, e até então a idéia de que ele pudesse vir a participar da nossa brincadeira tinha sido puramente hipotética.

O único senão do dia foi que um dos meus Aparelhos tornou a deixar de funcionar. Davis me ligou depois das aulas para me dizer que o sr. Knight tinha deixado cair a ampola de vidro no buraco do segundo andar. Um professor de inglês especialmente esperto, o mesmo que achara que nossa peça devia ser publicada, prometera anonimato a Davis em troca da pista perdida. Recitei a quadrinha pelo telefone, e na manhã seguinte as sinetas estavam novamente funcionando. Kortenhof, que mandara imprimir duzentos adesivos dizendo DIOTI, saiu com Schroer em plena luz do dia e colou-os nos pára-choques traseiros de todos os carros do estacionamento do corpo docente.

Naquele verão, minha prima Gail, a filha única dos meus tios, morreu ao volante do seu carro na Virginia Ocidental. A mãe da minha mãe estava morrendo de problemas do fígado em Minneapolis, e adquiri uma consciência mórbida da existência de 50 mil ogivas nucleares no planeta, várias dúzias das quais apontadas para St. Louis. Meus sonhos eróticos sempre tinham uma nota apocalíptica, como o dilaceramento de órgãos vitais. Certa noite, fui acordado por uma violenta trovoada e tive certeza de que o mundo estava acabando.

Foi o melhor verão da minha vida. "A ronda interminável do prazer", como meu pai sempre dizia. Deixei-me enfeitiçar por Robert Pirsig e Wallace Stevens, e comecei a escrever poesia. Durante o dia, Siebert e eu filmávamos e montávamos um drama histórico em super-8 com Davis e Lunte, e à noite pintávamos um mural com uma floresta à moda de Rousseau numa das paredes do colégio. Ainda éramos apenas amigos, mas cada noite que eu passava perto dela era uma noite que ela não passava com nenhum outro rapaz. No seu aniversário, em julho, quando ela estava saindo de casa, três de nós pulamos em cima dela por trás, vendamos seus olhos, amarramos seus pulsos e a enfiamos no banco traseiro do carro de Lunte. Havia uma festa-surpresa à sua espera na beira do rio, debaixo de uma ponte da rodovia interestadual, e às perguntas cada vez mais queixosas de Siebert — "Jon? Chris? São vocês?" — não respondíamos nada até Lunte começar a andar a 65 num ponto onde o limite era de 50 por hora. O guarda que nos parou nos mandou desamarrá-la. Quando perguntou a ela se nos conhecia, pudemos ver sua hesitação algum tempo antes de responder que sim.

Em agosto, Siebert foi para a faculdade, o que me permitiu idealizá-la de longe, comunicar-me principalmente por escrito, investir energia em novos projetos teatrais e, ocasionalmente, sair com outras pessoas. Mais adiante, no outono, um editor comprou *A conexão do figo* por cem dólares, e comuniquei aos meus pais que decidira ser escritor. Eles não ficaram felizes com a notícia.

Eu começara a escrever um diário, e estava descobrindo que não precisava do colégio para viver os tormentos das aparências. Eu mesmo era capaz de produzir um sentimento agudo de vergonha na intimidade do meu quarto, e bastava para isso ler o que escrevera na véspera no meu diário. Suas páginas espelhavam fielmente minha fraudulência, meu tom pomposo e minha imaturidade. Ler meu diário me deixava desesperado para mudar, para soar menos idiota. Como enfatizara George Benson em *E então chega a alegria*, as experiências do crescimento e da auto-realização, e mesmo da alegria extrema, eram processos naturais que se encontram à disposição tanto dos que acreditavam quanto dos que não tinham fé. Assim, declarei guerra à estagnação e decidi comprometer-me intimamente com o crescimento pessoal. A Relação Autêntica que eu queria agora era com a palavra escrita.

Numa manhã de domingo, na Irmandade, o grupo praticou um exercício em que formamos uma fila contínua no salão de reuniões da igreja. Um dos cantos do salão foi escolhido como Coração, e o canto oposto como Cérebro. Como qualquer um poderia ter previsto, a maior parte do grupo correu para o canto do Coração, aglomerando-se numa massa calorosa e acolhedora. Um número muito menor de pessoas, entre eles Symes, espalhou-se ao longo do centro da fila. No canto do Cérebro, perto de mais ninguém, Manley e eu nos apresentamos ombro a ombro, olhando para o pessoal do Coração com um ar de desafio. Era estranho dizer que eu era todo Cérebro quando meu coração estava tão cheio de amor por Manley. Mais que estranho: era hostil.

A primeira armação da DIOTI no novo ano escolar foi estampar um lençol de casal e abri-lo acima da entrada principal do colégio na manhã em que um comitê de credenciamento da North Central Association of Colleges and Schools chegou para inspecionar o colégio. Construí um Aparelho que envolvia dois suportes de metal, uma polia e uma corda que corria através do telhado e cuja ponta pendia logo acima de uma janela do terceiro andar. Quando puxamos a corda na manhã de segunda-feira, nada aconteceu. Davis precisou sair, escalar até o telhado em plena luz do dia e soltar a faixa à mão. Ela dizia, A DIOTI DÁ BOAS-VINDAS À NCA.

Ao longo do inverno, subgrupos da DIOTI promoveram pequenos eventos ocasionais secundários. Eu tinha uma preferência por cenas que envolvessem trajes de época e armas de brinquedo. Davis e Manley gostavam de escalar prédios, e numa típica noite de sábado alcançavam a torre do campanário do Seminário Eden, com suas gárgulas, e de lá seguiam até os telhados da Washington University e a cozinha da igreja presbiteriana, onde os cookies recém-assados eram guardados para o serviço de domingo e estariam à disposição de intrusos ocasionais.

Quanto à principal proeza da primavera, escolhemos para vítima uma das minhas professoras favoritas, a sra. Wojak, porque sua sala ficava no meio do segundo andar e tinha um teto muito alto, e porque corria o boato de que ela falara mal da DIOTI. Nove de nós precisaram de quatro horas numa noite de quarta-feira para remover as mesas e cadeiras de trinta salas, transportá-las por escadas e corredores e empilhá-las, do chão ao teto, na sala da sra. Wojak. Algumas das salas tinham janelas em cima das portas pelas quais Manley ou Davis conseguiram entrar. Para outras, retiramos as dobradiças das portas da sala dos professores e usamos as chaves que eles normalmente deixavam em suas caixas de correspondência. Uma vez que eu tinha cinqüenta anos, além de dezessete, insisti para que levássemos fita-crepe e marcadores para rotular as mesas e cadeiras com os números das respectivas salas antes de transportá-las, de modo a simplificar a tarefa de devolvê-las ao seu lugar. Ainda assim, fiquei penalizado quando vi o tumulto violento que criamos na sala da sra. Wojak. Achei que ela poderia sentir-se alvo de uma perseguição pessoal, e por isso escrevi as palavras LOCALIZAÇÃO CENTRAL no quadronegro. Foi a única coisa que escrevi para a DIOTI naquela primavera. Eu já não me importava mais com o sr. Knight; a obra era a única coisa que importava.

Durante nossa cerimônia de formatura, no campo de futebol do colégio, o supervisor das escolas contou a história das cadeiras e mesas e citou os rótulos de fita-crepe como uma prova do surgimento de "um novo espírito de responsabilidade" entre os jovens de hoje. A DIOTI tinha produzido uma bandeira de despedida, estampada nas cores do colégio, presa à base do placar do campo de futebol, mas o Aparelho que construí para abri-la não funcionara bem nos ensaios da noite anterior e vigilantes funcionários do colégio tinham cortado a corda deixada para soltá-la antes que Holyoke, disfarçado com uma capa de pescador e óculos escuros, pudesse chegar ao lugar de onde poderia puxá-la. Depois da cerimônia, eu quis contar aos meus pais que agora era oficial: eu era o autor de um novo espírito de responsabilidade entre os jovens de hoje. Mas claro que não podia, e não contei.

Eu achava que iria começar a beber e fazer sexo naquele verão. Siebert voltara sozinha da faculdade (sua família se mudara para o Texas), e já vínhamos ensaiando alguma estagnação mais avançada no sofá da sala da casa da avó dela. Agora Lunte estava prestes a embarcar com a família para uma viagem de dois meses acampando, deixando Siebert tomando conta da sua casa. Ela estaria sozinha na casa, toda noite, por dois meses.

Tanto ela como eu conseguimos empregos de verão no centro da cidade, e logo na nossa primeira sexta-feira ela deixou de aparecer para o almoço que tínhamos combinado. Passei a tarde inteira me perguntando se, como ocorrera com Merrell, eu podia ter exagerado no ímpeto. Mas naquela noite, enquanto jantava com meus pais, Davis chegou na nossa casa e me deu a notícia: Siebert estava no Hospital St. Joseph's, com uma fratura nas costas. Pedira a Davis que a levasse até o alto da torre do campanário do Seminário Eden na noite anterior, e tinha caído de uma altura de nove metros.

Quase vomitei. E ainda assim, enquanto tentava absorver essa notícia, minha preocupação mais premente foi que meus pais a estavam recebendo diretamente, antes que eu pudesse reformatá-la para o consumo deles. Sentia-me como se eu e todos os meus amigos tivéssemos sido Flagrados de uma maneira nova, ampla e irrevogável. Minha mãe, enquanto ouvia Davis contar a história, exibia sua careta de desagrado mais sombrio. Ela sempre preferira Manley, que falava tão bem, a Davis, que era mais difícil, e também nunca gostara muito de Siebert. Agora sua desaprovação se tornara radiosa e total. Meu pai, que gostava de Siebert, ficou perturbado quase ao ponto das lágrimas. "Eu não entendo o que vocês estavam fazendo no telhado", disse ele.

"Bem, de qualquer maneira", disse Davis, em tom contrito, "a verdade é que ela ainda não estava no telhado. Eu estava no alto tentando estender o braço e, sabe como é, ajudá-la a subir."

"Mas Chris, pelo amor de Deus", exclamou meu pai. *"Por que vocês dois estavam subindo no telhado do Seminário Eden?"*

Davis parecia um tanto enfurecido. Ele tinha feito a coisa certa, vindo me dar a notícia em pessoa, e agora, como recompensa, meus pais estavam caindo em cima dele. "Bom, de qualquer maneira", explicou ele, "ela me ligou ontem de noite e disse que queria que eu subisse com ela até o alto da torre. Eu disse que preferia subir usando cordas, mas ela escala bem. Não quis corda nenhuma." "A vista da torre é muito bonita", tentei. "Dá para ver a cidade toda lá de cima."

Minha mãe virou-se para mim com uma expressão severa. "*Você* já subiu lá?"

"Não", respondi de imediato, o que por acaso era verdade.

"Não entendo nem um pouco isso tudo", dizia meu pai.

No carro de Davis, enquanto íamos os dois para o hospital, ele me contou que tinha escalado o prédio pelo cano da calha à frente de Siebert. O cano era sólido e bem preso à parede, e Siebert o acompanhara sem problemas até chegar ao beiral do telhado. Se ela tivesse estendido a mão, disse Davis, ele teria podido segurá-la e puxá-la para cima do telhado. Mas ele achava que ela tinha entrado em pânico, porque antes de conseguir ajudá-la os olhos dela se desfocaram, suas mãos se desprenderam e ela despencou direto, sete metros e meio em queda livre, indo pousar de costas no gramado do seminário. O barulho do impacto, contou Davis, tinha sido horrível. Sem pensar, sem nem mesmo cogitar em descer pelo cano, ele pulou do alto de nove metros e atenuou o impacto da queda com o rolamento que já tinha praticado em saltos menores. Siebert estava gemendo. Ele saiu correndo e bateu na janela acesa mais próxima, pedindo uma ambulância aos gritos.

A grama junto à base da calha não estava tão amassada quanto eu esperava. Davis apontou para o local onde os atendentes da ambulância haviam posto Siebert numa padiola rígida. Obriguei-me a olhar para cima até o alto da calha. O ar noturno ali, incoerentemente, estava agradável e delicioso. Pássaros cantavam ao anoitecer nos carvalhos recentemente desfolhados, luzes protestantes despontavam em janelas góticas.

"Você pulou lá de cima?", perguntei.

"Pulei, foi mesmo uma puta burrice."

Siebert, eu soube mais tarde, tivera sorte ao pousar na horizontal. Duas de suas vértebras se espatifaram, mas seus nervos ficaram intactos. Ela ficou seis semanas no hospital, e eu ia visitá-la todo fim de tarde, às vezes com Davis, geralmente sozinho. Um amigo que tocava violão e eu escrevemos canções destinadas a inspirá-la e as cantávamos para ela durante as tempestades. O verão inteiro foi sombrio. Eu ficava deitado na mesa de sinuca da casa dos Lunte com o estômago cheio de rum, Löwenbräu, Seagram's e vinho de amoras, vendo o teto girar. Eu não odiava a mim mesmo, mas odiava a adolescência, inclusive a palavra. Em agosto, depois que os pais de Siebert a levaram para o Texas presa a um incômodo aparelho para as costas e com um elevado consumo de analgésicos, saí com a garota com quem já tinha saído algumas vezes na primavera. De acordo com meu diário, passamos horas maravilhosas namorando.

A adolescência devia ser aproveitada sem muito embaraço, mas o embaraço, infelizmente, é o principal dos seus sintomas. Mesmo quando alguma coisa importante acontece com você, mesmo quando seu coração está sendo despedaçado ou enaltecido, mesmo quando você está totalmente absorvido na construção das fundações de uma personalidade sólida, ocorrem momentos nos quais você percebe que o que está acontecendo não é para valer. A menos que você de fato morra, a história para valer ainda está muito à frente. Só isso, essa mistura cruel de consciência e irrelevância, essa vacuidade incontornável, já bastaria para justificar sua contrariedade. Você sofre e fica envergonhado quando acha que seus problemas adolescentes não têm importância; quando acha que têm, por outro lado, é uma besta. Foi por causa desse duplo impasse que nossas brincadeiras com o sr. Knight, nossa atitude de levar tão a sério uma coisa tão despropositada, nos valeu uma trégua milagrosa de quinze meses.

Mas quando será que começa a história para valer? Aos quarenta e cinco anos, quase todo dia sinto-me grato por ser o adulto que eu esperava poder vir a ser quando tinha dezessete anos. Freqüento uma academia para procurar conservar a força nos braços; tornei-me bastante jeitoso no manejo de ferramentas. Ao mesmo tempo, quase todo dia, perco várias batalhas para o jovem de dezessete anos que ainda vive dentro de mim. Como meia caixa de Oreos na hora do almoço, empanturro-me de tevê, faço julgamentos morais generalizantes, ando pela cidade de jeans rasgados, tomo vários martinis numa noite de terça, não consigo tirar os olhos dos decotes dos comerciais de cerveja, considero desinteressante qualquer grupo a que eu não pertença, sinto o impulso de arranhar Range Rovers com minhas chaves e rasgar seus pneus; e faço de conta que não vou morrer nunca.

O duplo impasse, o problema da consciência combinada ao vazio, nunca deixa de existir. Você nunca pára de esperar que a história para valer comece logo, porque a única história para valer, no fim das contas, é que um dia você morre. Ao longo do caminho, contudo, o sr. Knight continua a fazer suas aparições: o sr. Knight como Deus, o sr. Knight como a história, o sr. Knight como o governo, o destino ou a natureza. E a brincadeira da arte, que começa como uma tentativa de atrair a atenção do sr. Knight, acaba por convidar você a ir em frente só pela própria arte, com uma seriedade que redime e é redimida pela sua fundamental inutilidade.

Para um inexperiente morador do Meio-Oeste mergulhado na vida acelerada da Costa Leste, a faculdade acabou sendo uma reprise do colegial. Consegui ficar amigo de alguns solitários como eu, mas as únicas proezas em que me vi envolvido eram francamente sádicas — o bombardeio de uma garota especialmente popular com cubos de gelatina, a instalação de um trilho de dois metros e meio no quarto de dois colegas de turma melhor ajustados do que eu no alojamento. Manley e Davis não me pareciam mais satisfeitos do que eu nas suas respectivas faculdades; e começaram a fumar muita maconha. Lunte se mudara para Moscow, Idaho. Holyoke, ainda na DIOTI, tinha organizado um último happening envolvendo um colega de turma afundado até a cintura em jornais amassados.

Siebert reapareceu em St. Louis no verão seguinte, caminhando sem dor e usando roupas no estilo Annie Hall, e trabalhou comigo numa farsa que envolvia um inspetor de polícia na Índia colonial. Meus sentimentos em relação a ela eram um ensopado adolescente de amor-e-arrependimento, de compromisso-mas-aberto-para-outras-opções. Foram Manley e Davis que me levaram para tomar café-da-manhã no dia do meu aniversário, na derradeira manhã do verão. Vieram me pegar no carro de Davis, onde também traziam uma bengala branca, o spaniel imbecil de Davis, Goldie, e mais um par de óculos de natação que tinham mergulhado em tinta preta. Convidaram-me a pôr os óculos, depois me entregaram a bengala e a coleira de Goldie e me levaram até um restaurante especializado em panquecas, onde eu os diverti comendo uma pilha delas como se fosse um cego.

Depois do café-da-manhã, deixamos Goldie na casa de Davis e continuamos a percorrer as artérias da cidade no calor sufocante de agosto. Adivinhei que nosso destino havia de ser o Arco, à beira do rio, e era.* Sempre continuando com a brincadeira,

---

* O Arco — em inglês *The Arch* — é o monumento mais famoso de St. Louis, também conhecido como *Gateway to the West*, "Portal do Oeste", erguido na

saí tateando com a bengala pela área subterrânea do Arco, com a audição ficando mais aguçada a cada minuto. Davis comprou bilhetes para subirmos ao alto do Arco enquanto Manley me incitava a apalpar um bronze de Remington representando um cavalo empinado. Por trás de nós, um homem ordenou: "Por favor, não encoste na — Oh. Oh. Desculpe".

Retirei as mãos.

"Não, não, por favor, pode continuar. É um Remington original, mas por favor, pode apalpar."

Tornei a pôr as mãos no bronze. Manley, o cretino, se afastou com Davis para ir dar risada em algum lugar. As mãos do guarda do parque guiavam as minhas. "Sinta só os músculos do peito do cavalo", sugeriu ele.

Eu estava usando óculos de natação modificados. Minha bengala era uma simples vareta de madeira redonda coberta por uma mão de tinta branca. Virei-me para ir embora.

"Espere um pouco", disse o guarda. "Temos algumas coisas ótimas aqui que eu queria lhe mostrar."

"Hm."

Ele me pegou pelo braço e aprofundou-se comigo no *Museum of Westward Expansion* [Museu da Expansão para o Oeste]. Sua voz ficou ainda mais gentil. "Faz quanto tempo que você — não tem visão?"

"Não muito", respondi.

"Sinta só essa tenda." E dirigiu minha mão. "São couros de búfalo com os pêlos raspados. Pode deixar, eu levo sua bengala."

área do Jefferson National Expansion Memorial, quase um parque à beira do rio Missouri; tem 192 metros de altura, é revestido de aço inoxidável e foi projetado pelo célebre arquiteto Saarinen. Os visitantes podem entrar no Arco e, por meio de um elevador especial, chegar ao seu topo, de onde se descortina quase toda a cidade. (N. T.)

Entramos na tenda, e por cinco minutos que duraram um dia inteiro obedeci às suas sugestões para apalpar pelagens de diferentes animais, manipular utensílios de madeira, cheirar cestos de palha. O crime de enganar aquele guarda me parecia mais grave a cada minuto que passava. Quando consegui escapar da tenda e agradecer, eu estava coberto de suor.

No topo do Arco, tive os olhos destapados e finalmente pude enxergar: nevoeiro, luz, barcaças de carvão, o Busch Stadium, um rio cor de diarréia. Manley encolheu os ombros e baixou os olhos para o piso de metal: "Esperávamos que você pudesse ver mais coisas aqui de cima", disse ele.

Muitas vezes acontecia que o dia do meu aniversário também marcava a entrada da primeira frente fria da estação, já antecipando o outono. Na tarde seguinte, quando meus pais e eu fomos de carro até Fort Wayne para um casamento, o céu estava totalmente limpo, como que esfregado. Os gigantescos milharais do Illinois, com o milho quase maduro, ondulavam à luz dourada que vinha de trás de nós. Dava para sentir, no ar resfriado pela travessia do Canadá, o cheiro de quase tudo o que havia para saber sobre a vida naquele lugar. E como as casas de fazenda pareciam desprovidas de interiores sob aquela luz tão perfeita! Como os campos de milho pareciam impacientes para ser colhidos, na sua dança impelida pelo vento! E como eram platonicamente verdes os marcos oficiais da cidade de Effingham! (Só posso supor que seu nome extra-oficial, claro, fosse Fuckingham.) A troca de estação ocorrera da noite para o dia, e agora eu estava sempre lendo livros melhores e tentando escrever diariamente, começando de zero, por conta própria.

Meu pai excedia o limite de velocidade por invariáveis cinco quilômetros por hora. Minha mãe falava do banco traseiro.

"O que você, Chris e Ben fizeram ontem?"

"Nada", respondi. "Só tomamos café juntos."

5. A língua estrangeira

Man wird mich schwer davon überzeugen, daß die Geschichte
des verlorenen Sohnes nicht die Legende dessen ist, der nicht
geliebt werden wollte.*

RILKE, *Malte Laurids Brigge*

Rotwerden, Herzklopfen, ein schlechtes Gewissen: das kommt
davon, wenn man nicht gesündigt hat.**

KARL KRAUS

Fui apresentado à língua alemã por uma jovem loura, Elisabeth, que nenhuma palavra aquém de "voluptuosa" bastaria para descrever. Foi no verão em que completei dez anos, e a proposta

---

* Vai ser difícil me convencerem de que a história do Filho Pródigo não é a lenda de uma pessoa que não queria ser amada.
** Rubor, palpitações, uma consciência culpada: eis as conseqüências de não ter pecado.

era eu me instalar ao lado dela no balanço para dois da varanda dos meus pais e ler em voz alta um texto elementar em alemão — um livro nada interessante sobre a vida doméstica germânica, composto em antiquados tipos Fraktur e dotado de xilogravuras assustadoras, tomado de empréstimo da nossa biblioteca local — enquanto ela se debruçava sobre mim, segurando o livro aberto no meu colo e apontando para as palavras que eu não pronunciara corretamente. Ela tinha dezenove anos, suas saias eram sensacionalmente curtas, as camisetas sumárias que usava, sensacionalmente apertadas, e a grande proximidade dos seus seios, eclipsando o resto do mundo, juntamente com a imensa extensão meridional das suas pernas nuas, eram-me totalmente intoleráveis. Sentado ao lado dela, minha sensação era a de uma pessoa claustrofóbica enfiada num elevador lotado, de alguém assolado por uma grave síndrome das pernas irrequietas, de um paciente dentário submetido a um extenso trabalho de sondagem e perfuração. Suas palavras, tendo sido produzidas pelos seus lábios e sua língua, chegavam-me carregadas de uma intimidade indesejada, e a própria língua alemã me parecia soar roufenha e úmida em comparação com o inglês. Eu me inclinava para trás a fim de evitá-la, mas ela se debruçava mais ainda; eu me afastava um pouco para o lado, mas ela avançava a mesma distância na minha direção. Meu desconforto era tão radical que eu não conseguia me concentrar por um minuto sequer, e era esta a minha única trégua: quase sempre, ela perdia a paciência comigo em pouco tempo.

Elisabeth era a irmã mais nova da mulher do fabricante austríaco de equipamento ferroviário que meu pai ajudara a entrar no mercado americano. Tinha vindo de Viena, a convite dos meus pais, para praticar seu inglês e ter a experiência da vida com uma família americana; também contava, em particular, com a possibilidade de explorar as novas liberdades que, na Europa, diziam ser correntes no nosso país. Infelizmente, tais novas liberdades não estavam disponíveis na nossa casa. Elisabeth usava o quarto desocupado do meu irmão Bob, que dava para um quadrado de concreto sujo e cercado onde o cão de caça vira-latas dos nossos vizinhos, Speckles, passava a tarde inteira latindo. Minha mãe jamais saía do lado de Elisabeth, levando-a para almoçar com suas amigas, ao Zoológico de Saint Louis, ao Shaw's Garden, ao Arco, à Muny Opera e à casa de Tom Sawyer, em Hannibal. Para contrabalançar toda essa amorosa hiperatividade, Elisabeth só podia contar com a companhia de um garoto de dez anos às voltas com sérios problemas próprios em matéria de liberdade.

Uma tarde, na varanda, ela me acusou de não querer aprender. Quando eu disse que não era verdade, ela me perguntou, "Então por que você está sempre virando a cabeça e olhando para o outro lado? Existe alguma coisa por lá que eu não esteja vendo?". Não tive resposta. Nunca associei conscientemente o corpo dela ao meu desconforto — nunca sequer formulei mentalmente nenhuma palavra como "seio", "coxa" ou "sujo", nunca associei sua presença estonteante às conversas que ultimamente começava a ouvir no pátio da escola. Só sabia que eu não gostava da maneira como me sentia perto de Elisabeth, e que para ela aquilo era uma decepção: por sua causa eu era um mau aluno, e por minha causa ela era má professora. Nem eu nem ela podíamos estar mais longe do que o outro queria. Ao final daquele verão, depois que ela foi embora, eu não aprendera uma palavra de alemão.

Em Chicago, onde eu nasci, nossos vizinhos de um lado eram Floyd e Dorothy Nutt. Do outro lado, morava um casal mais velho que tinha um neto chamado Russie Toates. A primeira vez que eu me lembro de ter me divertido na vida teve algo a ver com um par de botas vermelhas de borracha novas e, incitado por Russie, que era um ou dois anos mais velho, sair pisoteando, atravessando e desferindo pontapés numa pilha enorme de cocô de cachorro de cor marrom-alaranjada. A diversão foi memorável devido à energia do castigo que a sucedeu de imediato.

Eu tinha acabado de completar cinco anos quando nos mudamos para Webster Groves. Na manhã do meu primeiro dia de jardim de infância, minha mãe me fez sentar e me explicou por que era importante eu parar de chupar o polegar. Levei suas instruções a sério e nunca mais pus aquele dedo na boca, embora mais tarde tenha fumado cigarros por vinte anos. A primeira coisa que meu amigo Manley me ouviu dizer no jardim-de-infância foi a resposta ao convite de alguém para participar de alguma brincadeira. Eu disse, "prefiro não brincar".

Quando eu tinha oito ou nove anos, cometi uma transgressão que por boa parte da minha vida me pareceu a coisa mais vergonhosa que eu já fizera. No fim de uma tarde de domingo, deixaram-me sair de casa depois do jantar e, como não encontrei ninguém com quem brincar, fui andando até a casa dos nossos vizinhos. Eles ainda estavam jantando, mas vi suas duas filhas, uma um pouco mais velha do que eu e a outra um pouco mais nova, brincando na sala de visitas enquanto esperavam a sobremesa. Quando me viram, aproximaram-se da janela e ficaram ali, entre as cortinas afastadas, olhando para fora pelo vidro fechado. Não tínhamos como conversar, mas eu queria diverti-las — e então comecei a dançar, a dar cambalhotas, me contorcer, fazer gestos e caretas. As meninas adoraram. Estimulavam-me a assumir poses cada vez mais exageradas e ridículas, e por algum tempo continuei a diverti-las, mas chegou um ponto em que comecei a sentir que a atenção delas se desligava, e não me ocorria nenhuma cambalhota nova que pudesse superar as anteriores. Ainda assim, eu não podia *suportar a idéia* de perder a atenção das duas e, num impulso — estava totalmente tomado pelo espírito da palhaçada —, baixei as calças.

As duas meninas cobriram as bocas com as mãos num encantamento de horror fingido. Senti na mesma hora que eu não podia ter feito coisa pior. Levantei as calças e desci correndo a ladeira, passando direto pela nossa casa, até chegar a uma pracinha triangular gramada numa esquina onde eu podia me esconder no meio de algumas árvores e enfrentar a primeira onda de vergonha, a pior de todas. Nos anos e décadas que se seguiram, pareceu-me que, mesmo naquele momento, poucos minutos depois do que fiz, sentado no meio daqueles carvalhos, eu não me lembrava se tinha ou não baixado a cueca junto com as calças. Esse lapso de memória tanto me atormentava como não tinha a menor importância. Eu tinha percebido — e revelara ao mesmo tempo às meninas vizinhas — um vislumbre da pessoa que eu permanentemente corria perigo de me tornar. Era a pior coisa que eu já tinha visto, e decidi que nunca mais deixaria aquela pessoa à solta.

Curiosamente livres de vergonha, em contraste, eram as horas que eu passava estudando revistas de sacanagem. Costumava me dedicar a isso depois das aulas, com meu amigo Weidman, que tinha encontrado alguns números da *Playboy* no quarto dos seus pais, mas um dia, no colegial, enquanto eu vasculhava uma construção, encontrei uma outra revista que se tornou minha. Chamava-se *Rogue*, e seu proprietário anterior rasgara a maioria das ilustrações. A única foto que restava mostrava uma "orgia gastronômica lésbica" composta de bananas, bolo de chocolate, grandes quantidades de creme chantilly e quatro garotas tristonhas de cabelos escorridos fazendo poses de tão evidente inautenticidade que mesmo eu, aos treze anos, em Webster Groves, entendi que "orgia gastronômica lésbica" não era um conceito que pudesse vir a ter qualquer utilidade.

Mas as imagens, mesmo as boas fotos das revistas de Weidman, eram um pouco demais para mim, de qualquer maneira. O que eu mais apreciava na minha *Rogue* eram os contos. Um deles era muito artístico e tinha diálogos notáveis, tratando de uma moça liberada chamada Little Charlie que tenta convencer um amigo, Chris, a perder a virgindade junto com ela; numa troca de idéias fascinante, Chris declara (sarcasticamente?) que está se guardando *para sua mãe*, e Little Charlie o censura: "Chris, que coisa mais doente!". Outra história, chamada "Estupro — ao contrário", envolvia duas moças que saem viajando de carona, um revólver, um marido fiel e religioso e uma profusão de frases inesquecíveis, entre elas "Vamos levá-lo logo para a cama", "lambendo como louco" e "'Ainda insiste em ser fiel à sua mulher?', zombou ela". Meu conto favorito era um verdadeiro clássico sobre uma aeromoça, a srta. Trudy Lazlo, que se debruça sobre um passageiro de primeira classe chamado Dwight e lhe proporciona "uma visão generosa de seus amplos seios de um branco leitoso", o que ele interpreta corretamente como um convite para um encontro no banheiro da primeira classe, onde fazem sexo numa variedade de posições que eu tinha uma certa dificuldade para imaginar; numa virada surpreendente, porém, o conto acaba com o piloto indicando uma área separada por uma cortina, "com um pequeno colchão, no fundo do aparelho", onde Trudy se vê obrigada a deitar-se, exausta, para prestar seus serviços a ele também. Eu ainda nem era hormonalmente capaz de encontrar algum alívio para a excitação que isso tudo produzia, mas a imundície da *Rogue*, sua absoluta incompatibilidade com meus pais, que me consideravam um garoto obediente e limpo, me deixava mais intensamente feliz que qualquer livro que eu jamais tivesse lido.

Certa vez, Weidman e eu falsificamos bilhetes das nossas respectivas mães para podermos sair da escola ao meio-dia e assistir ao lançamento do primeiro *Skylab*. Não havia nada que fosse tecnológico ou científico (exceto, no meu caso, animais) por que Weidman e eu não nos interessássemos. Montamos laboratórios de química concorrentes, tivemos uma fase da construção de maquetes para trenzinhos elétricos, acumulávamos lixo eletrônico, brincávamos com gravadores de som, trabalhávamos como assistentes de pesquisa, cooperávamos em projetos para as feiras de ciências, fizemos cursos no Planetário, escrevemos programas em BASIC para o terminal de computador da escola, e construíamos "foguetes a combustível líquido" fantasticamente inflamáveis usando tubos de ensaio, rolhas de borracha e benzeno. Pelo meu lado, eu assinava a revista *Scientific American*, colecionava pedras e minerais, tornei-me especialista em líquens, criava plantas tropicais a partir de sementes de frutas, cortava coisas com um micrótomo e examinava o resultado num microscópio, fazia experiências domésticas de física com molas e pêndulos, e li toda a coleção de ciência popular de Isaac Asimov, de ponta a ponta, em três semanas. Meu primeiro herói foi Thomas Edison, cuja vida adulta consistira quase totalmente de tempo ocioso. A primeira carreira que eu afirmava desejar seguir era a de "inventor". E assim meus pais supunham, com uma certa plausibilidade, que eu me tornaria algum tipo de cientista. Perguntaram a Bob, que estudava medicina, que língua estrangeira um cientista iniciante precisava estudar no colégio, e ele respondeu sem hesitar: alemão.

Quando eu tinha sete anos, meus pais e eu fomos visitar Bob na Universidade do Kansas. O quarto dele ficava no Ellsworth Hall, um impressionante arranha-céu com iluminação forte e um onipresente cheiro de vestiário. Entrando no quarto de Bob atrás dos meus pais, vi a página central colada na parede ao mesmo tempo que minha mãe começou a gritar, irritada e enojada, *"Bob! Bob! Oh! Argh! Não acredito que você pôs essa coisa na parede!"*. Mesmo independente da opinião da minha mãe, que eu aprendera a temer muito, o vermelho-sangue da boca e das aréolas da moça da foto me pareceria especialmente violento. Era como se ela tivesse sido fotografada emergindo, magra, crua e mal-intencionada, de algum acidente terrível causado por sua própria perturbação mental. Fiquei assustado e ofendido pelo que ela provocava em mim e pelo que Bob provocara nos nossos pais. "Jon não pode entrar neste quarto", declarou minha mãe, virando-me para a porta. Do lado de fora, disse a mim que não conseguia entender o que estava acontecendo com Bob.

Depois disso, ele se tornou mais discreto. Quando voltamos para sua formatura, três anos mais tarde, ele colara com fita adesiva um biquíni de papel pardo na moça que àquela altura adornava sua parede, que de qualquer maneira agora me pareceu calorosa, gentil e meio hippie — dela eu gostei. Bob estava mergulhado no calor da aprovação materna à sua decisão de voltar para St. Louis e estudar medicina. Se havia namoradas, nunca tive o prazer de conhecê-las. Uma vez, porém, ele trouxe um colega da faculdade de medicina para jantar conosco no domingo, e o amigo contou uma história em que mencionava de passagem o momento em que estava deitado na cama com a namorada. Mal registrei o detalhe, mas assim que Bob saiu minha mãe veio me dar sua opinião: "Não sei se ele estava tentando se exibir, nos chocar ou se passar por um homem sofisticado", disse ela, "mas, se é mesmo verdade que ele coabita com a namorada, quero que você saiba que acho isso imoral, e que fico muito decepcionada de Bob ser amigo dele, porque *desaprovo categoricamente* esse estilo de vida".

Que era o estilo de vida do meu irmão Tom. Depois da grande briga com meu pai, ele se formara em estudos de cinema em Rice e fora viver em casas de cortiço em Houston na companhia

145

de seus amigos artistas. Eu estava no décimo ano quando ele veio nos visitar trazendo uma dessas amigas, uma mulher esbelta de cabelos escuros chamada Lulu, durante um Natal. Eu não conseguia olhar para Lulu sem sentir que perdia o fôlego, de tanto que ela se aproximava do meu ideal de beleza de meados dos anos 70. Tive extrema dificuldade em escolher um livro para lhe dar de presente de Natal, para fazê-la sentir-se mais bem-vinda na família. Minha mãe, enquanto isso, ficou praticamente psicótica de tanto ódio. "Lulu? Lulu? Que tipo de pessoa tem um nome desses?" E dava uma risadinha rachada. "Quando eu era moça, 'lulu' era o nome de uma raça de cachorro!"

Um ano mais tarde, tanto Bob quanto Tom estavam morando em Chicago e fui passar um fim de semana com eles; minha mãe me proibiu de ficar no apartamento de Tom, onde Lulu também residia. Tom estudava cinema no Instituto de Arte, fazendo austeros curta-metragens não narrativos com títulos como "Paisagem do rio Chicago", e minha mãe pressentia, com absoluta razão, que ele tinha um grau insalubre de influência sobre mim. Quando Tom zombou de Cat Stevens, removi Cat Stevens da minha vida. Quando Tom me deu seus discos do Grateful Dead, os Dead se transformaram no meu conjunto favorito, e quando ele cortou o cabelo e passou a gostar de Roxy Music, Talking Heads e Devo, eu cortei meu cabelo e fui atrás. Vendo que ele comprava suas roupas nas lojas da Amvets, a associação de veteranos, comecei a comprar roupas em brechós. Como ele morava numa cidade grande, eu queria viver numa cidade grande; como ele fabricava seu próprio iogurte com leite reconstituído, eu queria fabricar meu próprio iogurte com leite reconstituído; como ele tomava notas num fichário, comprei um fichário do mesmo tamanho e comecei um diário nele; como ele fazia filmes de ruínas industriais, comprei uma máquina e comecei a tirar fotos de ruínas industriais; como ele vivia com uma mão na frente e outra atrás, fazia carpintaria e reformava apartamentos com material de demolição, com uma mão na frente e outra atrás era a maneira como eu também queria viver. As deusas irremediavelmente inatingíveis dos últimos anos da minha adolescência eram as alunas da escola de belas-artes que gravitavam em torno de Tom com suas roupas compradas em brechós e seus cabelos cortados cheios de pontas.

O alemão do colegial não tinha nada de bacana. Era a língua que nenhum dos meus amigos queria aprender, e além do mais os cartazes desbotados de turismo da sala da professora de alemão, a sra. Fares, não eram um argumento convincente em favor de visitar a Alemanha ou apaixonar-se por sua cultura. (O mesmo também se aplicava às salas de francês e espanhol. Era como se as línguas modernas temessem tanto o escárnio adolescente que mesmo suas salas de aula se vissem obrigadas a apresentar-se da maneira mais previsível — exibindo cartazes de tourada, a Torre Eiffel, o castelo de Neuschwanstein.) Muitos dos meus colegas de turma tinham pais ou avós alemães, cujos hábitos ("Ele gosta de cerveja quente!") e tradições ("Comemos *Lebkuchen* no Natal") despertavam um interesse igualmente ínfimo em mim. A língua em si, porém, era moleza. Bastava decorar tabelas de quatro por quatro com as terminações de adjetivos e seguir as regras. Era tudo uma questão de gramática, a coisa que eu sabia melhor. Só a questão do gênero em alemão, a aparente arbitrariedade de existirem *a* colher, *o* garfo e *a* faca,* me dava ataques.

Ao mesmo tempo em que o barbado Mutton e seus discípulos masculinos funcionavam como uma recapitulação de antigos

* *Der* (masculino) Löffel; *die* (feminino) Gabel; *das* (neutro) Messer.

patriarcados, a Irmandade nos ensinava a questionar nossas premissas quanto aos papéis diferenciados de pessoas dos dois sexos. Os rapazes eram elogiados e recompensados por derramarem lágrimas, as moças, por ficarem bravas e dizerem palavrão. O "grupo feminino" semanal da Irmandade tornou-se tão popular que precisou ser dividido em dois. Uma conselheira convidava as moças para o seu apartamento e lhes dava instruções muito nítidas sobre como fazer sexo sem engravidar. Outra conselheira questionava o patriarcado com tamanha acuidade que certa vez, quando pediu a Chip Jahn que lhe contasse o que estava sentindo, ele respondeu que estava com vontade de arrastá-la até o estacionamento do lado de fora e quebrar-lhe a cara. Por uma questão de equilíbrio, dois conselheiros tentaram formar um grupo de homens, mas os únicos rapazes que entraram foram os que já estavam mais que sensibilizados e queriam muito poder pertencer ao grupo das moças.

Ser mulher me parecia muito mais interessante do que ser homem. Diante da procura pelos grupos semanais de apoio, entendi que as mulheres vinham mesmo sendo oprimidas, e que por isso nós, os homens, devíamos ceder a vez para elas, dar-lhes apoio e sustentação, e atender aos seus desejos. Era especialmente importante, se você fosse homem, pôr a mão na consciência, olhar no fundo do próprio coração e certificar-se de que não estava transformando em objeto a mulher que você amava. Se uma partezinha sua, por menor que fosse, estivesse explorando aquela mulher por sexo, ou querendo pô-la em cima de um pedestal e adorá-la, sua atitude não podia ser pior.

Em meu diário do último ano de colegial, enquanto esperava Siebert voltar do seu primeiro ano na faculdade, eu passava o tempo todo policiando os sentimentos que tinha por ela. Escrevi "você não deve CANONIZÁ-LA", "não *se apaixone* ou qualquer coisa idiota e destrutiva do mesmo gênero", "o ciúme é característico de uma

148

relação possessiva" e "*Não somos sagrados*". Quando me surpreendi escrevendo o nome dela em maiúsculas, voltei e anotei: "Por que usar maiúsculas?". Eu ridicularizava e insultava minha mãe por sua mente suja, que insistia em acreditar que eu só pensava em sexo. Na ausência de Siebert, saí com uma moça católica, O., que me ensinou a apreciar o gosto de couve-flor crua que fica na boca das moças depois que fumam, e eu supunha muito casualmente que Siebert e eu acabaríamos perdendo a virgindade antes da minha partida para a faculdade. Mas que isso ocorreria de um modo adulto e sério, que consolidaria a nossa amizade, e não como um intercurso da maneira retratada nos contos da revista *Rogue*. Aquele tipo de sexo não me interessava mais desde os quinze anos.

Numa noite de verão, logo depois de Siebert fraturar as costas, um pouco antes de eu completar dezoito anos, meus amigos Holyoke e Davis e eu estávamos pintando um mural, e Holyoke perguntou a Davis e a mim com que freqüência nos masturbávamos. Davis respondeu que tinha parado com aquilo. Disse que tentara algumas vezes, mas que no fim das contas não era uma coisa de que ele realmente gostasse.

Holyoke olhou para ele com um espanto sério. "Você não gostava?"

"Não, não muito", disse Davis. "Não era muito meu barato."

Holyoke franziu as sobrancelhas. "Será que eu posso perguntar que... técnica... e materiais... você usava?"

Fiquei escutando com atenção a conversa que se seguiu, porque, à diferença de Davis, eu nunca sequer tinha experimentado.

O professor de alemão do primeiro ano no Swarthmore College era um verdadeiro one-man show exuberante, de boca elástica, Gene Weber, que dava saltos, cabriolas e tapas nas mesas dos alunos, a quem chamava de "*bambini*". Tinha os modos de uma professora inspirada e espirituosa de pré-escola. Achava hilariante tudo o que acontecia nas suas aulas e, se os próprios *bambini* não conseguiam gerar hilaridade, ele tratava de produzir em seu lugar pronunciamentos hilariantes dos quais ainda ria muito em nome deles. Eu não desgostava de Weber, mas resistia a ele. A professora que eu adorava era a instrutora de aulas práticas, frau Plaxton, uma mulher de paciência ilimitada e com um lindo e anguloso rosto nórdico. Eu a via todas as terças e quintas-feiras às 8h30 da manhã, um horário que se tornava tolerável graças ao tom carinhoso e embriagador que ela usava para dizer "herr Franzen" toda vez que eu entrava na sala. Por menos que seus alunos estivessem preparados, frau Plaxton não era capaz de olhá-los com censura sem ao mesmo tempo sorrir da sua própria severidade. As vogais e consoantes germânicas cuja pronúncia ela exagerava com fins heurísticos pareciam-me tão saborosas e suculentas quanto ameixas maduras.

Nos demais dias da semana, às 8h30, eu tinha aulas de cálculo com variáveis múltiplas, um curso de primeiro ano destinado a eliminar os alunos cuja devoção à matemática e às ciências fosse menos do que fanática. Quando chegaram as férias da primavera, eu já corria perigo de ser reprovado em cálculo. Se eu estava mesmo determinado a seguir alguma carreira no campo das ciências — como o cinqüentão oficial continuava a afirmar para tranqüilizar seus pais —, devia ter empregado todos os dias das férias de primavera num esforço para me recuperar. Em vez disso, meu amigo Ekström e eu tomamos um ônibus da Filadélfia a Houston para que eu pudesse ver Siebert, que já não precisava mais usar o aparelho ortopédico para as costas e morava no alojamento da Universidade de Houston.

Uma noite, para escaparmos da sua companheira de quarto, ela e eu saímos e fomos nos sentar num dos bancos de um pátio cercado por muros de concreto. Siebert me contou que um dos seus professores, o poeta Stephen Spender, vinha falando muito sobre Sigmund Freud, o que a fazia pensar sobre sua queda da calha do telhado do Seminário Eden um ano antes. Na noite anterior à sua queda, ela e nosso amigo Lunte estavam na minha casa, a campainha tinha tocado e, antes que eu entendesse o que estava acontecendo, Siebert se encontrou com minha ex-mais ou menos namorada, O., pela primeira vez. O. estava com Manley e Davis, que tinham acabado de levá-la até o alto da torre do campanário do Seminário Eden. Ela estava corada e muito feliz com a experiência, e não ficou nem um pouco envergonhada de admitir que Manley e Davis a tinham amarrado com cordas e basicamente a tinham puxado até o telhado; sua má forma física era tradicional objeto de zombaria.

Siebert tinha perdido toda memória do dia seguinte ao do encontro com O., mas outras pessoas depois lhe contaram o que ela tinha feito. Ligara para Davis dizendo que queria escalar a mesma torre que O. tinha escalado. Quando Davis sugeriu que também chamassem Manley, ou que pelo menos levassem uma corda, Siebert disse que não, que não precisava nem de Manley e muito menos de corda. E, de fato, não tivera qualquer problema para escalar toda a calha. Foi só quando chegaram ao alto, e Davis estendeu a mão para ajudá-la a ultrapassar o beiral, que ela se atrapalhou e jogou as mãos para trás. E Freud, contou-me ela, tinha uma teoria sobre o Inconsciente. Segundo Stephen Spender, que sempre dava um jeito de descobrir onde Siebert estava na sala de aula e fixar nela seus incríveis olhos azuis quando falava no assunto, Freud acreditava que, toda vez que você cometia algum erro incomum, sua parte consciente podia achar que fosse um acidente, mas na verdade nunca era uma coisa acidental: você estava fazendo exatamente o que uma parte obscura sua, que nunca se pode conhecer, queria. Quando sua mão escorregava e você se cortava com uma faca, era porque aquela sua parte oculta queria que você se ferisse. Quando você dizia "minha mãe" em vez de "minha mulher", era porque, na verdade, seu id queria dizer "minha mãe". A amnésia pós-traumática de Siebert era total, e era difícil imaginar alguém com um comportamento menos suicida; mas e se ela tivesse *desejado* cair daquele telhado? E se o Inconsciente dela tivesse decidido morrer, por causa dos meus gracejos com O.? E se, lá no alto da calha, ela tivesse deixado de ser quem era e se transformado por completo naquela outra coisa obscura?

Eu tinha ouvido falar em Freud, claro. Sabia que ele era vienense e importante. Mas toda vez que eu puxara um dos seus livros da estante, ele sempre me parecera desagradável e difícil demais. Até aquele momento, eu conseguira permanecer sem saber quase nada a seu respeito. Siebert e eu ficamos sentados em silêncio naquele pátio deserto de concreto, respirando o ar primaveril. O relaxamento que essa época do ano traz, as fragrâncias da reprodução e do abandono, o degelo, o cheiro da lama quente: já não eram mais tão horríveis quanto me pareciam quando eu tinha dez anos. Agora eram também deliciosos, embora ainda um pouco assustadores. Sentado no pátio e pensando no que Siebert dissera, enfrentando a possibilidade de que eu também tivesse um Inconsciente que sabia tanto sobre mim quanto eu sabia pouco a respeito dele, um Inconsciente sempre à procura de algum modo de sair de mim, alguma forma de escapar ao meu controle e fazer suas sacanagens, como baixar minhas calças na frente das meninas do vizinho, comecei a gritar de terror. Gritei com toda a força dos pulmões, o que foi apavorante tanto para mim quanto para Siebert. Em seguida, voltei para a Filadélfia e tirei todo o episódio da minha cabeça.

Meu instrutor no terceiro semestre de alemão intensivo foi o outro professor-titular do departamento, George Avery, um greco-americano nervoso, bonito e roufenho que parecia sempre encontrar alguma dificuldade para proferir frases com menos de trezentas palavras. A gramática que precisávamos passar em revista nunca interessava muito a Avery. No primeiro dia de aula, ele examinou seu roteiro, encolheu os ombros e disse, "Imagino que vocês já conheçam tudo isso", embarcando em seguida numa vasta digressão serpenteante sobre expressões idiomáticas alemãs que raramente se ouviam, mas eram dotadas de uma imensa expressividade. Na semana seguinte, doze dos catorze alunos da turma assinaram uma petição em que ameaçavam deixar o curso se Avery não fosse substituído por Weber. Fui contra o abaixo-assinado — achei que era uma maldade constranger assim um professor, mesmo que ele estivesse nervoso e fosse um tanto difícil de acompanhar, não que eu sentisse a menor saudade de ser chamado de *bambino* —, mas Avery foi devidamente removido e Weber reapareceu com sua animação excessiva.

Como eu quase fora reprovado em cálculo com variáveis múltiplas, não tinha muito futuro no campo das ciências exatas, e já que meus pais tinham sugerido que eu próprio talvez devesse pagar pela faculdade caso insistisse em me formar em inglês, minha única alternativa era o alemão. Seu principal atrativo para ser minha especialização era que eu não tinha dificuldade em tirar notas máximas na matéria, mas assegurei aos meus pais que dessa maneira eu estava me preparando para uma carreira nas finanças internacionais, ou direito internacional, ou diplomacia, ou jornalismo internacional. Particularmente, eu planejava passar meu penúltimo ano no estrangeiro. Não gostava muito da faculdade — em todos os sentidos, era uma regressão em relação ao colegial —, ainda era tecnicamente virgem, e contava com a Europa para dar um jeito nisso.

Mas não conseguia uma oportunidade. No verão antes de partir para a Europa, pedi notícias de uma beldade estranha e magra com quem eu tinha dançado numa das festas do colégio e em torno de quem vinha tecendo fantasias na faculdade, e descobri que agora, além de um namorado, também adquirira o vício da heroína. Saí duas vezes com a irmã mais nova de Manley, que me surpreendeu no segundo encontro trazendo junto uma "vela", sua amiga MacDonald, que me achava um trapaceiro. Fui estudar literatura alemã em Munique e, na minha terceira noite na cidade, numa festa para os novos alunos, conheci uma bela e lúcida moça da Baviera que me sugeriu sairmos para tomar alguma coisa. Respondi que estava cansado, mas que adoraria encontrá-la numa outra ocasião. Nunca mais tornei a vê-la. A proporção nos alojamentos de Munique era de três estudantes homens para cada mulher. Ao longo dos dez meses seguintes, não conheci mais nenhuma moça alemã interessante que sequer me perguntasse que horas eram. Amaldiçoei minha terrível má sorte por só ter tido uma oportunidade tão cedo. Se eu tivesse chegado a Munique pelo menos uma semana antes, pensei, poderia ter dado uma resposta diferente, arrumado uma namorada maravilhosa e ter ficado totalmente fluente em alemão. Em vez disso, falava muito inglês com garotas americanas. Consegui passar quatro noites em Paris com uma delas, mas descobri que era tão inexperiente que tinha medo até de beijar: um azar inacreditável. Fui até Florença, fiquei num hotel que também funcionava como bordel e me vi cercado por todos os lados de gente que só fazia trepar o tempo todo. Numa viagem ao interior da Espanha, tive uma namorada espanhola por uma semana, mas antes que tivéssemos tempo de um aprender a língua do outro precisei voltar à Alemanha para prestar meus malditos exames: era mesmo meu destino. Persegui uma americana largada mais promissora, passei horas conversando, bebendo e fumando com ela, ouvindo "London Calling" milhões de vezes, e testando o que eram a meu ver os limites máximos da insistência compatíveis com a postura de um homem compreensivo e disposto a dar todo o apoio. Vivia na expectativa diária de finalmente me dar bem, mas no final, ao cabo de meses de perseguição, ela decidiu que ainda estava apaixonada por seu ex-namorado que ficara nos Estados Unidos. Sozinho no meu quarto do alojamento, ouvia as fodas de inúmeros vizinhos — minhas paredes e meu teto pareciam amplificadores. Transferi meu afeto para mais uma americana, esta com um namorado alemão rico a quem dava ordens e de quem depois se queixava pelas costas. Achei que, se passasse tempo suficiente ouvindo suas queixas sobre o namorado e a ajudasse a perceber o quanto ele era um filho da puta que não a compreendia nem lhe dava o menor apoio, ela acabaria tomando juízo e escolhendo a mim. Mas minha má sorte era mesmo inacreditável.

Sem uma namorada para me distrair, aprendi muito alemão em Munique. A poesia de Goethe, em especial, me contaminou. Pela primeira vez na vida, fiquei encantado com o casamento entre a sonoridade e o sentido numa língua. Havia, por exemplo, ao longo de todo o *Fausto*, a interação numinosa entre os verbos *streben, schweben, weben, leben, beben, geben** — seis troqueus que pareciam encapsular a vida interior de toda uma cultura. Havia loucos jorros germânicos, como estas palavras de agradecimento que Fausto dirige à natureza depois de uma noite realmente bem dormida —

Du regst und rührst ein kräftiges Beschließen
*Zum höchsten Dasein immerfort zu streben***

---

* Esforçar-se, flutuar, tecer, viver, tremer, dar.
** Você desperta e estimula um ânimo potente/ A lutar, doravante, pela forma mais alta de existência.

— que eu repetia infinitamente para mim mesmo, meio de brincadeira, mas meio em tom de adoração. Havia o tocante e redentor desejo germânico de ser não alemão, mas italiano, que Goethe capturou em seus versos clássicos em *Wilhelm Meister:*

> *Kennst du das Land wo die Zitronen blühn,*
> *Im dunkeln Laub die Goldorangen glühn...*
> *Kennst du es wohl?**

Havia outros versos que eu recitava sempre que subia na torre de uma igreja ou caminhava até o alto de um morro, versos proferidos por Fausto depois que os querubins arrancavam seu espírito das garras do Diabo e o instalavam no Paraíso:

> *Hier ist die Aussicht frei,*
> *Der Geist erhoben.*
> *Dort ziehen Frauen vorbei,*
> *Schwebend nach oben.***

Havia ainda, no *Fausto,* trechos curtos em que era possível reconhecer alguma emoção que eu próprio sentia, como quando nosso herói, tentando instalar-se para trabalhar em seu escritório, ouve alguém batendo à porta e exclama, exasperado, "*Wer will mich wieder plagen?*"***

No entanto, a despeito do meu prazer em sentir uma língua adquirir raízes em mim, e apesar dos elaborados trabalhos de fim de curso que eu vinha escrevendo sobre a relação de Fausto com

---

* Você conhece a terra onde os limoeiros florescem,/ e as laranjas como ouro cintilam à sombra das folhagens.../ Talvez você conheça?
** Aqui a vista é desimpedida,/ E o espírito exaltado./ Ali, passam mulheres/ Flutuando rumo aos céus.
*** "Quem vem me incomodar agora?"

a natureza e a relação de Novalis com as minas e cavernas, ainda via a literatura como um simples jogo que eu precisava aprender a fim de conseguir meu diploma na faculdade. Recitar versos do *Fausto* do alto ventoso das montanhas era um modo de me entregar aos meus desejos literários, mas também de desconstruílos e até zombar deles. A vida real, como eu a via, envolvia casamento e sucesso, e não a flor azul. Em Munique, onde os estudantes podiam comprar lugares de pé nos teatros por cinco marcos, fui assistir a uma grande produção da Parte II do *Fausto*, e quando saí do teatro ouvi um senhor de meia-idade apresentar à sua mulher, em tom sarcástico, um resumo "completo e suficiente" da peça: "*Er geht von einer Sensation zur anderen — aber keine Befriedigung*".* O desrespeito daquele homem, seu prazer em achar graça em si mesmo, também me fez rir.

O professor mais difícil do departamento de alemão, George Avery, dava o seminário sobre modernismo alemão que fiz no meu último outono na faculdade. Avery tinha olhos escuros de grego, uma pele linda, um nariz forte, sobrancelhas luxuriantes. Sua voz era aguda e perpetuamente rouca, e, quando ele se perdia nos detalhes de alguma digressão, como acontecia com tanta freqüência, o ruído da sua rouquidão superava o sinal das suas palavras. Seus rompantes de riso começavam numa freqüência fora do alcance do ouvido humano — a boca que se abria em silêncio — e iam descendo ao longo de uma série cada vez mais acelerada de exclamações: "Ha! Ha! Ha! Ha! Ha! Ha! Ha!". Seus olhos brilhavam de animação e prazer quando um aluno dizia alguma coisa remotamente apropriada ou inteligente; mas, se o aluno estava totalmente enganado, como era comum entre os seis

---

* "Ele vai de sensação em sensação — mas nunca chega à satisfação."

freqüentadores do seminário, ele fazia caretas e franzia as sobrancelhas como se um inseto tivesse pousado em seu rosto, ou ficava olhando infeliz pela janela, ou enchia seu cachimbo, ou sem dizer nada filava um cigarro de um de nós, os fumantes, e mal fingia estar prestando atenção. Ele era o menos instruído dos meus professores da faculdade, e no entanto tinha alguma coisa que faltava aos demais: sentia pela literatura o tipo de amor e gratidão irrestritos que um evangélico recém-convertido sente por Jesus. Seu elogio mais alto a algum texto: "É uma *loucura*!". Seus exemplares amarelados e esfacelados de obras-primas da prosa alemã pareciam bíblias de missionários. Página após página, cada frase estava sublinhada ou anotada na caligrafia microscópica de Avery, iluminada pelos comentários cumulativos de quinze ou vinte releituras. Suas brochuras eram ao mesmo tempo baratas, lixo acidificado, e a mais preciosa das relíquias — testamentos comoventes de como cada linha delas podia ser cheia de significado para o estudioso dos seus mistérios, assim como cada folha e cada pássaro da Criação entoam um cântico de exaltação a Deus para quem crê.

O pai de Avery era um imigrante grego que tinha trabalhado como garçom e mais tarde se tornara dono de uma oficina de sapateiro no norte da Filadélfia. Avery fora convocado para o exército aos dezoito anos, em 1944, e ao final do treinamento básico, no meio da noite anterior ao embarque da sua unidade para a Europa, o oficial comandante o sacudiu grosseiramente no meio da noite e gritou, "Avery! Acorde! SUA MÃE MORREU!". Deram-lhe licença para comparecer ao enterro, e Avery só chegou à Europa com duas semanas de atraso, no dia do fim da guerra, e nunca se reuniu ao seu regimento. Foi sendo transferido de unidade a unidade e finalmente chegou a Augsburg, onde o puseram para trabalhar numa editora que fora requisitada pelo Exército. Um dia, seu comandante perguntou se alguém ali queria fazer um curso de jornalismo. Avery foi único que se apresentou, e passou um ano e meio aprendendo alemão, andando em trajes civis, escrevendo sobre música e arte para o jornal da ocupação, apaixonando-se pela cultura alemã. De volta aos Estados Unidos, estudou inglês e depois literatura alemã, o que explicava seu casamento com uma linda suíça e sua contratação por uma faculdade de primeira linha, onde morava numa casa de três andares em cuja sala de jantar, toda segunda-feira às quatro da tarde, fazíamos um intervalo para tomar um café e comer os doces que sua mulher, Doris, preparava para nós.

O gosto dos Avery em matéria de louça, mobília e temperatura interna da casa era europeu moderno. Enquanto nos instalávamos em torno da mesa, falando alemão com graus variados de sucesso, tomando o café que esfriava em cinco minutos, as folhas caídas que eu via espalhadas pelo gramado da frente podiam ser folhas alemãs, sopradas por um vento alemão, e o céu que escurecia depressa, um céu alemão, cheio de *Weltschmerz* outonal. Na entrada da casa, a cachorra dos Avery, Ina, uma pastora alemã de ar humilde, estremeceu e despertou. Estávamos a pouco mais de vinte quilômetros da casinha proletária onde Avery tinha sido criado, mas a casa em que ele morava agora, com seu piso de tábuas corridas, suas poltronas de couro e cerâmicas elegantes (muitas das quais torneadas pela própria Doris, que era exímia ceramista), era o tipo de lugar onde hoje eu gostaria de ter crescido, um oásis de auto-aperfeiçoamento plenamente realizado.

Lemos *O nascimento da tragédia* de Nietzsche, contos de Schnitzler e Hofmannsthal, e um romance de Robert Walser que me deu vontade de gritar, de tão contido, sutil e triste. Lemos um ensaio de Karl Kraus, "A muralha da China", sobre o chinês dono de uma lavanderia em Nova York que prestava serviços sexuais a três mulheres caucasianas de alta extração e no final, notoriamente, estrangulava uma delas. O ensaio começava com as palavras, *"Ein Mord ist geschehen, und die Menschheit möchte um Hilfe rufen"** — o que me parecia um tanto exagerado. O assassinato de Chinatown, prosseguia Kraus, era "o acontecimento mais importante" dos 2 mil anos de história da moral cristã: um pouco excessivo também, não é? Eu levava meia hora para abrir caminho através de cada página de suas alusões e dicotomias aliterativas —

Da entdecken wir, daß unser Verbot ihr Vorschub, unser Geheimnis ihre Gelegenheit, unsere Scham ihr Sporn, unsere Gefahr ihr Genuß, unsere Hut ihre Hülle, unser Gebet ihre Brunst war... [D]ie gefesselte Liebe liebte die Fessel, die geschlagene den Schmerz, die beschmutzte den Schmutz. Die Rache des verbannten Eros war der Zauber, allen Verlust in Gewinn zu wandeln.**

— e, assim que me acomodava na casa de Avery, tentando discutir o texto, percebia que estivera tão ocupado em decifrar as frases de Kraus que não tivera a oportunidade de lê-las de verdade. Quando Avery nos perguntou do que falava o ensaio, folheei minhas páginas xerocadas e tentei fazer uma leitura dinâmica que me fornecesse algum resumo plausível. Mas o alemão de Kraus só se abria aos amantes com muito vagar. "O texto fala", disse eu, "sobre hmm, a moral cristã... e — "

Avery me interrompeu como se eu nem tivesse dito nada.

* Um assassinato ocorreu, e a humanidade gostaria de pedir socorro.

** Agora descobrimos que nossas proibições eram as procrastinações da Natureza; nossos segredos, suas oportunidades; nossa vergonha, seu estímulo; nosso perigo, sua diversão; nossas defesas, seu disfarce; nossas preces, sua estação reprodutiva... O amor aprisionado ama suas correntes; o amor surrado, sua dor; o amor sujo, sua sujeira. A vingança do Eros exilado era a mágica de transformar toda perda em ganho.

"*Gostamos que o sexo seja sujo*", disse ele, girando os olhos para cada um de nós por sua vez. "É *disso* que ele fala. Quanto mais sujo ele se torna na cultura ocidental, mais gostamos que seja sujo." Eu ficava irritado com esse "nós". Meu entendimento do sexo era principalmente teórico, mas eu tinha certeza de que não preferia que fosse sujo. Ainda estava à procura de uma amante que fosse, acima de tudo e antes de mais nada, uma amiga. Por exemplo: a estudante de francês irônica de cabelos escuros, que fazia o mesmo seminário sobre modernismo que eu e a qual eu começara a perseguir com as técnicas de comportamento passivo e de baixa pressão em que, malgrado os fracassos invariáveis do passado, eu continuava a depositar minha fé. Eu ouvira dizer que a estudante de francês não tinha compromissos, e que parecia me achar engraçado. Eu não conseguia imaginar nada de sujo que pudesse ocorrer no sexo com ela. Na verdade, a despeito da minha preocupação crescente com a estudante, nunca consegui chegar perto de nos imaginar fazendo qualquer tipo de sexo.

No verão anterior, a fim de me preparar para o seminário, eu tinha lido o romance de Rilke *Os cadernos de Malte Laurids Brigge*, que se transformou imediatamente em meu livro favorito de todos os tempos, o que equivale a dizer que havia vários parágrafos da sua primeira parte (a mais fácil, e a única de que gostei de fato) que adquiri o hábito de ler em voz alta para impressionar meus amigos. O enredo do romance — um jovem dinamarquês de boa família vai parar em Paris, vive na pobreza numa pensão barulhenta, fica sozinho e isolado, preocupa-se em se transformar num escritor melhor e numa pessoa mais completa, sai para longas caminhadas pela cidade e, de resto, passa o tempo escrevendo seu diário — me parecia altamente relevante e interessante. Decorei, sem jamais entender completamente o que tinha memorizado, vários trechos em que Malte fala do seu crescimento pessoal, que me lembravam agradavelmente meu próprio diário:

> Ich lerne sehen. Ich weiß nicht, woran es liegt, es geht alles tiefer in mich ein und bleibt nicht an der Stelle stehen, wo es sonst immer zu Ende war. Ich habe ein Inneres, von dem ich nicht wußte. Alles geht jetzt dorthin. Ich weiß nicht, was dort geschieht.*

Também gostava das frias descrições que Malte fazia da sua nova subjetividade em ação, como:

> Da sind Leute, die tragen ein Gesicht jahrelang, natürlich nutzt es sich ab, es wird schmutzig, es bricht in den Falten, es weitet sich aus wie Handschuhe, die man auf der Reise getragen hat. Das sind sparsame, einfache Leute; sie wechseln es nicht, sie lassen es nicht einmal reinigen.**

Mas a frase de *Malte* que se transformou no meu lema por todo o semestre só chamou minha atenção quando Avery nos mostrou. É dita para Malte por uma amiga da família, Abelone, quando Malte era criança e está lendo em voz alta, sem pensar, as cartas de Bettina von Arnim a Goethe. Ele começa a ler uma das respostas de Goethe a Bettina, e Abelone o interrompe com im-

---

* Estou aprendendo a ver. Não sei por quê, tudo penetra em mim mais profundamente e não pára mais no ponto onde, até agora, sempre costumava terminar. Tenho uma vida interior que não conhecia. Tudo agora vai para lá. Não sei o que ali acontece.

** Há pessoas que usam o mesmo rosto anos a fio, naturalmente ele se desgasta e se suja, racha nas dobras, estica como um par de luvas usado numa viagem. Essas são pessoas econômicas e simples; não mudam de cara, jamais chegam sequer a mandar lavá-la.

paciência. "Não as respostas", diz ela. E então não se contém, "*Mein Gott, was hast du schlecht gelesen, Malte.*"*

O que foi essencialmente a mesma coisa que Avery disse a nós seis ao longo da primeira discussão sobre *O processo*. Eu andava muito calado naquela semana, tentando esconder o fato de que não tinha conseguido ler a segunda parte do romance. Eu já sabia do que o livro tratava — um homem inocente, Joseph K., é capturado pelo pesadelo da burocracia moderna — e me parecia que Kafka tinha exagerado na quantidade de exemplos do pesadelo burocrático. Fiquei incomodado também com sua relutância em usar quebras de parágrafo, e pela irracionalidade da sua narrativa. Já era chato o bastante Joseph abrir a porta de um depósito no seu escritório e encontrar um torturador espancando dois homens, um dos quais pede socorro a K. Mas depois ver K. voltar ao mesmo depósito na noite seguinte e encontrar exatamente os mesmos três homens fazendo exatamente a mesma coisa! Essa recusa de Kafka em ser mais realista me deixava contrariado. Preferia que tivesse escrito o capítulo num tom mais simpático. De algum modo, eu tinha a impressão de que ele não estava tendo o devido espírito esportivo. Embora o romance de Rilke fosse impenetrável em vários pontos, sempre apresentava o arco de um *Bildungsroman* e terminava num tom otimista. Kafka era mais parecido com o pesadelo que eu queria parar de ter.

"Já faz duas horas que estamos falando desse livro", disse Avery, "mas existe uma pergunta muito importante que ninguém está fazendo. Será que alguém pode me dizer qual é a óbvia pergunta importante?"

Todos simplesmente olhamos para ele.

"*Jonathan*", disse Avery. "Você tem estado muito quieto ultimamente."

---

* "Meu Deus, como você está lendo mal, Malte."

"Ora, sabe como é, o pesadelo da burocracia moderna", respondi. "Não sei dizer muita coisa a respeito."

"Você não vê o que isso tudo tem a ver com sua vida..."

"Menos do que no caso de Rilke, sem dúvida. Quer dizer, nunca precisei lidar com um Estado policial."

"Mas Kafka está falando da vida!", disse Avery. "Sem querer diminuir em nada sua admiração por Rilke, posso dizer desde já que Kafka tem muito mais a ver com sua vida do que Rilke. Kafka era como *nós*. Todos esses escritores eram pessoas que se esforçavam para tentar entender o sentido das suas vidas. E Kafka mais do que ninguém! Kafka tinha medo da morte, tinha problemas com sexo, tinha problemas com as mulheres, tinha problemas com o trabalho, tinha problemas com os pais. E escrevia para tentar entender essas coisas. É *disso* que fala esse livro. É disso que falam esses livros todos. Seres humanos reais tentando entender a morte, o mundo moderno e a confusão das suas vidas."

Em seguida, Avery chamou atenção para o título do livro, *Der Prozeß*,* que se refere tanto a uma ação judicial quanto a alguma atividade prolongada. Citando um texto da nossa lista de leituras secundárias, começou a murmurar alguma coisa sobre três diferentes "universos de interpretação" em que o texto de *O processo* podem ser lidos: um universo em que K. é um inocente acusado em falso, outro universo em que é impossível decidir o grau de culpa de K. ... eu só ouvia pela metade. A noite caía do lado de fora das janelas, e para mim era ponto de orgulho jamais ler a literatura secundária. Mas quando Avery chegou ao terceiro universo de interpretação, em que Josef K. na verdade é *culpado*,

---

* Observação que se justifica porque o título consagrado em inglês é *The Trial*, que significa antes "o julgamento" e não tem a outra dimensão de significado de que o autor fala e que, todavia, existe no título consagrado em português, tradução literal do alemão. (N. T.)

ele parou e olhou para nós com um ar de expectativa, como se esperasse alguém fazer uma piada; e senti um pico de pressão arterial. A simples menção da possibilidade de que K. fosse culpado me deixava ofendido. Aquilo me frustrava, me traía, me magoava. Eu achava um ultraje que algum crítico sequer pudesse sugerir uma coisa dessas. "Volte lá e vá ver o que está escrito", disse Avery. "Esqueça a outra leitura por mais uma semana. Leia só o que está escrito na página."

Josef K., que tinha sido preso em casa na manhã do seu trigésimo aniversário, volta à pensão onde mora ao final de um longo dia de trabalho e pede desculpas à proprietária, frau Grubach, pela perturbação daquela manhã. Os policiais que o prenderam tinham invadido por um curto período o quarto de outra hóspede, uma jovem chamada Bürstner, mas frau Grubach garante a K. que o quarto dela fora arrumado. Diz a K. que não precisa se preocupar com o fato de ter sido preso — não é uma questão de crime, graças a Deus, mas algum assunto muito "erudito" e misterioso. K. diz que "concorda" com ela: o motivo é "completamente nulo e vazio". Pede a frau Grubach que lhe dê um aperto de mão para selar o "acordo" entre eles quanto à insignificância da questão. Frau Grubach, porém, responde com lágrimas nos olhos que ele não devia dar tanta importância àquilo. Então, K. pergunta em tom casual por fräulein Bürstner — ela já chegara em casa? Ele jamais tinha trocado mais do que cumprimentos passageiros com fräulein Bürstner, nem sabia seu primeiro nome, mas quando frau Grubach lhe conta que estava preocupada por causa dos homens com quem fräulein Bürstner andava saindo e com a hora tardia que costumava voltar para casa, K. fica "enfurecido". Declara que conhece *muito bem* fräulein Bürstner e que frau Grubach estava *totalmente enganada* a seu respeito. Retira-se irritado para o seu quarto, e frau Grubach se apressa em garantir-lhe que só estava preocupada com a pureza moral da pensão que mantém. Ao que K., através de uma frincha na porta, grita uma resposta bizarra: "Se a senhora quer manter sua pensão limpa, devia começar pedindo a mim que fosse embora!". Bate a porta na cara de frau Grubach, ignora suas "batidas fracas" e decide armar uma tocaia para fräulein Bürstner.

Não sente um desejo especial pela moça — nem mesmo se lembra direito de sua aparência. Porém, quanto mais espera por ela, mais irritado fica. De uma hora para outra, é culpa *dela* ele ter perdido o jantar e a hora de sua visita semanal a uma mulher de bar. Quando ela finalmente chega, em torno da meia-noite, ele lhe diz que já a estava esperando havia mais de duas horas e meia (uma mentira escandalosa) e insiste em ter uma conversa imediata com ela. Fräulein Bürstner está tão cansada que mal se agüenta de pé. Pergunta-se em voz alta como K. pode acusá-la de estar "atrasada" quando ela não tinha a menor idéia de que ele estava à sua espera. Mas concorda em conversar por alguns minutos no quarto dela. Aqui, K. fica animado ao descobrir que fräulein Bürstner tem alguma experiência como secretária legal; e diz, "Excelente, a senhorita vai poder me ajudar com meu caso". Ele lhe faz um relato minucioso do que ocorreu naquela manhã e, quando sente que ela não se impressiona muito com sua história, começa a deslocar os móveis do quarto para reencenar os acontecimentos. Diz de passagem, sem qualquer motivo, que uma blusa dela pendia da janela naquela manhã. Fazendo o papel do policial que o prendeu, que na verdade fora muito educado e falava em voz baixa, ele grita seu próprio nome tão alto que outro hóspede vem bater na porta de fräulein Bürstner. Ela tenta mais uma vez livrar-se de K. — já fazia meia hora que ele estava no seu quarto, e ela precisa acordar muito cedo no dia seguinte.

Mas ele não a deixa em paz. Diz a ela que, se o outro hóspede lhe criar problemas, dará pessoalmente penhor de sua respeitabilidade. Na verdade, se preciso for, ele dirá a frau Grubach que era tudo culpa dele — que ele a "atacara" no seu quarto. E então, quando fräulein Bürstner tenta mais uma vez livrar-se dele, ele de fato a ataca:

> ... lief vor, faßte sie, küßte sie auf den Mund und dann über das ganze Gesicht, wie ein durstiges Tier mit der Zunge über das endlich gefundene Quellwasser hinjagt. Schließlich küßte er sie auf den Hals, wo die Gurgel ist, und dort ließ er die Lippen lange liegen.*

"Agora vou embora", anuncia ele, desejando saber o primeiro nome dela. Fräulein Bürstner concorda com um gesto cansado de cabeça e se afasta, com a cabeça baixa e os ombros caídos. Antes de adormecer, K. passa em revista o comportamento que tivera com ela e conclui que está satisfeito — na verdade, só se surpreende de não se sentir ainda mais satisfeito.

Achei que tinha lido duas vezes todas as palavras do primeiro capítulo de *O processo*, tanto em alemão quanto em inglês, mas quando voltei a ele agora percebi que nunca tinha lido o capítulo direito, nem uma vez. O que de fato está na página, em contraste com o que eu esperava encontrar nela, era tão perturbador que eu tinha preferido fechar os olhos da mente e simplesmente fazer de conta que estava lendo. Estava tão convencido da inocência desse herói que não percebera o que o autor dizia, clara e inequivocamente, em cada frase. Eu tinha sido cego, da mesma

---

* ... correu para ela, agarrou-a, beijou-a na boca e depois em todo o rosto, da maneira como um animal sedento enfia a língua na água da fonte por que ansiava tanto. Finalmente a beijou no pescoço, na altura da garganta, e deixou os lábios pousados ali por longo tempo.

forma que o próprio K. é cego. E assim, desconsiderando a conversa de Avery sobre os três universos de possibilidade interpretativa, desenvolvi um apego dogmático ao oposto da minha suposição original. Decidi que K. era um cretino estranho, arrogante, egoísta e abusado que, por recusar-se a enfrentar a realidade da sua vida, acabava fazendo com que ela fosse examinada à força.

Naquele outono, eu me sentia mais feliz do que em qualquer outro momento desde o colégio. Meu amigo Ekström e eu vivíamos num apartamento duplo de dois quartos num alojamento de localização central, e eu tivera a sorte de obter a posição de editor da revista literária da faculdade. No mesmo espírito meio pândego do início dos anos 70 que batizara a série de filmes de arte da faculdade com o nome de TAFFOARD,* a revista se chamava *The Nulset Review* [de *nulset* ou *null set*, "conjunto nulo" ou "conjunto vazio"]. A editora que me antecedera no cargo era uma poetisa miúda de cabelos ruivos de Nova York, que mantinha uma equipe majoritariamente feminina e publicava majoritariamente poemas de poetisas. Eu era o recém-chegado de quem se esperava que renovasse a revista e encontrasse novos autores, e a primeira coisa que fiz foi organizar um concurso para dar-lhe um novo nome. A ex-editora de cabelos ruivos renunciou ao cargo com elegância, mas sem conceder que houvesse qualquer problema com o nome de *Nulset Review*. Era uma mulher lânguida, de olhos grandes, com uma voz suave e trêmula e um namorado cubano de trinta anos que vivia em Nova York. Minha equipe e eu passamos a primeira meia hora da nossa primeira reunião editorial esperando que ela chegasse para nos dizer como se fazia aque-

---

* *Take a Flying Fuck On a Rolling Doughnut*, numa tradução aproximada "Vá se foder de véu e grinalda numa rosquinha em movimento." (N. T.)

la revista. Finalmente, alguém ligou para a casa dela e a acordou — era uma hora da tarde de sábado —, e ela chegou arrastando os pés meia hora mais tarde, trazendo uma imensa caneca de café e ainda praticamente adormecida. Estendeu-se num sofá, com a cabeça mergulhada no ninho de seus encaracolados cabelos ruivos, e mal falou, exceto quando nos esforçávamos para decifrar algum manuscrito recebido pela revista. Nesses casos, aceitando o manuscrito com a mão lânguida, ela passava rapidamente os olhos por ele e nos apresentava um resumo incisivo e mais uma análise. Dava para ver que era ela minha concorrente. Ela morava em cima de um mercado e açougue, num apartamento fora do campus onde a estudante morena de francês que eu vinha perseguindo também vivia. As duas eram grandes amigas. Numa festa em novembro, enquanto todas as outras pessoas dançavam, eu me vi sozinho diante da concorrente pela primeira vez. Disse a ela: "Acho que isso que dizer que agora vamos finalmente conversar". Ela me lançou um olhar gelado, e retrucou, "Não, acho que não", e foi embora.

Eu estava indo muito bem com a estudante de francês. Certa noite, em dezembro, ela me pediu para verificar a gramática de um trabalho sobre *Berlin Alexanderplatz*, de Alfred Döblin, que ela precisava apresentar no seminário de Avery no dia seguinte. Discordei de sua tese a respeito do livro, e a uma certa altura percebi que, caso continuasse discutindo o livro com ela, podíamos ter de acabar passando a noite juntos. Desenvolvemos uma tese melhor — de que o herói da classe trabalhadora de Döblin, Franz Biberkopf, acredita na FORÇA masculina, mas que, a fim de se redimir, ele precisa admitir sua absoluta fraqueza diante da MORTE — e então, lado a lado, escrevendo como loucos e fumando Marlboro Lights, escrevemos um novo trabalho. Quando acabamos, às seis da manhã, e saímos para comer panquecas numa lanchonete, eu estava tão ligado pelo excesso de nicotina e tão excitado por causa da situação que não podia acreditar que não fôssemos pular direto na cama assim que acabássemos o café-da-manhã. Mas quis minha sorte costumeira que ela ainda precisasse datilografar seu trabalho.

Na última noite do semestre, Ekström e eu demos uma festança. A estudante de francês compareceu, bem como todos os nossos amigos e amigas, vizinhos e vizinhas, além de George e Doris Avery, que ficaram horas sentados na cama de Ekström, tomando Gallo Hearty Burgundy e escutando avidamente o que nossos colegas de turma tinham a dizer sobre literatura e política. Eu já desconfiava que Avery era o melhor professor que eu jamais teria na vida, e sentia que ele e Doris tinham nos feito um grande favor de aparecer e tornar nossa festa extraordinária, não só uma reunião de garotos, mas também de adultos; a noite inteira, amigos meus me procuravam e diziam, "Mas eles são pessoas maravilhosas". Eu percebia, contudo, que também fizera um favor aos Avery — e que não era tão comum assim eles serem convidados a festas de estudantes. A cada ano, um ou dois alunos do último ano eram capturados pela magia dos Avery, mas nunca mais do que um ou dois. E, embora Avery fosse bonitão, leal e carinhoso, não era muito mais popular com seus colegas mais jovens do que com os estudantes. Não tinha paciência com a teoria ou a doutrina política, e era obviamente fascinado demais por mulheres bonitas (da mesma forma que Josef K. não conseguia deixar de dizer a fräulein Bürstner que havia uma blusa sua pendurada na janela, Avery não conseguia, ao falar de certas professoras, omitir descrições das suas roupas e dos seus corpos), e talvez nem sempre fosse muito honesto quando declarava que as bolas tinham caído dentro ou fora na quadra de tênis, e ele e seu colega Weber se detestavam tão profundamente que costumavam recorrer a estranhos circunlóquios para evitar pronunciarem o nome um do outro; e com freqüência excessiva, quando Avery se sentia inseguro, ele assediava os convidados seus e de Doris com recitações de uma hora de duração em que enumerava dados crus de história literária, listando, por exemplo, os nomes, os títulos e as breves biografias de vários arquivistas contemporâneos na Alemanha, na Áustria e na Suíça. Era esse outro lado de Avery — o fato de ele *ter* tão visivelmente um outro lado — que me ajudou finalmente a compreender as três dimensões de Kafka: afinal, um homem podia ser ao mesmo tempo uma vítima gentil, simpática e comicamente carente *e* um chato lascivo, brigão e sempre inclinado a aumentar a própria importância, e ainda, crucialmente, uma terceira coisa: uma consciência bruxuleante, uma simultaneidade de urgência culpada e pungente auto-acusação, uma pessoa em processo.

Ekström e eu tínhamos retirado toda a mobília do meu quarto, que transformamos em pista de dança. Muito depois da meianoite, depois que os Avery e nossos amigos menos próximos tinham ido embora, eu me descobri sozinho na pista, dançando "(I Don't Want to Go to) Chelsea", de Elvis Costello, do meu jeito tenso e retorcido, enquanto um grupo assistia. *Eles observavam minha expressividade,* escrevi no meu caderno no dia seguinte, a bordo do avião que me levava para St. Louis. *Eu sabia disso, e mais ou menos um minuto depois que a música tinha começado lancei um sorriso a todos eles como se dissesse, "Oh, quanta atenção dispensada à minha modesta pessoa". Mas acho que minha verdadeira expressividade estava nesse sorriso. Por que ele está tão encabulado? Ele não está encabulado, ele adora atenção. Bem, mas está encabulado de receber tanta atenção, porque não consegue acreditar que tanta gente aceite compactuar com sua exibição. Ele está sorrindo com um desdém benevolente.* Em seguida, "Chelsea" foi sucedida por "Miss You", dos Stones, então no auge, e a estudante de francês veio dançar comigo na pista. Ela disse, "Agora vamos dançar feito dois loucos!". Aproximamos nossos rostos, estendemos os braços um para o outro, esquivamo-nos um do outro e dançamos de narizes colados numa paródia enlouquecida da atração, enquanto os outros assistiam.

A casa de Webster Groves tinha um ar cansado. Meus pais haviam envelhecido de uma hora para outra. Fiquei com a sensação de que Bob e sua mulher estavam secretamente horrorizados com eles, e planejando uma rebelião. Eu não entendia por que Tom, que me apresentara à canção "Stay Hungry", dos Talking Heads, a qual se transformara no meu hino pessoal na Alemanha, agora não parava de falar das boas coisas que vinha comendo. Meu pai, sentado junto à lareira, lia o conto e o poema de minha autoria que eu publicara na revista literária (novo nome: *Small Craft Warnings*, algo como "Pequenas Advertências do Ofício") e me perguntou, "Qual é a história afinal? Onde estão as descrições? Só estou vendo idéias". Minha mãe estava péssima. Desde setembro, tinha sido internada duas vezes para operar os joelhos, e agora sofria de colite ulcerativa. Tom chegara em casa com uma namorada ineditamente adequada em outubro, desistira de ser cineasta e vinha trabalhando como construtor, enquanto a namorada parecia disposta a relevar sua falta de seguro-saúde e emprego convencional. Mas então minha mãe descobrira que a namorada não era nada adequada, afinal. Ao que tudo indicava, já vinha coabitando com Tom, coisa que minha mãe era incapaz de aceitar e que a devorava por dentro. Tanto quanto a iminência da aposentadoria do meu pai, que ela temia tanto. Vivia dizendo a quem quisesse ouvir que a aposentadoria era um erro no caso de "pessoas capazes e cheias de vida que ainda podem contribuir com a sociedade". Suas palavras eram sempre as mesmas.

Pela primeira vez na vida, eu começava a ver as pessoas da

minha família como gente de verdade, e não apenas parentes, porque vinha lendo literatura alemã e estava eu próprio me transformando numa pessoa. *Aber diesmal wird es geschrieben werden,** escrevi no meu caderno na primeira noite em St. Louis. Queria dizer que esse encontro de família, à diferença de todos os outros do passado, seria registrado e analisado por escrito. Achei que estava citando uma frase de *Malte.* Mas as palavras originais de Rilke eram muito mais doidas: *Aber diesmal werde ich geschrieben werden.*** Malte imagina um momento em que, em vez de ser o produtor da escrita ("eu escrevo"), seria o próprio produto dela ("eu sou escrito"): em vez de um desempenho, era uma transmissão; em vez do foco em si mesmo, uma luz sobre o mundo. E no entanto eu não devia estar lendo Rilke tão mal assim, porque um dos membros da família que eu agora conseguia ver mais claramente como pessoa era o filho mais novo, o cãozinho afetuoso que distraía os outros com as coisas bonitinhas que dizia e depois pedia licença para se levantar da mesa e escrever frases bonitinhas no caderno; e aquele número já estava me esgotando a paciência.

Naquela noite, depois de múltiplos sonhos com a estudante de francês, cada um dos quais acabava com suas reclamações por eu não querer fazer sexo com ela, tive um pesadelo com a dócil pastora alemã dos Avery, Ina. No sonho, eu estava sentado no chão da sala de visitas dos Avery quando a cachorra se aproximava e começava a me insultar. Dizia que eu era um "fresco" frívolo, cínico e faminto de atenção, cuja vida inteira era uma farsa. Eu respondia frívola e cinicamente, e lhe fazia uma festa no queixo. Ela sorria maliciosa para mim, como que para deixar claro que me entendia perfeitamente. Em seguida, cravava os dentes

* Dessa vez, porém, vai ser escrito.
** Dessa vez, porém, eu vou ser escrito.

no meu braço. Quando eu caía para trás, dava o bote para me morder a garganta.

Acordei e escrevi: *So, eines morgens wurde er verhaftet.**

Minha mãe me chamou de lado e me disse em tom amargo, em relação à visita de Tom com a namorada em outubro, "Eles me enganaram".

Ela ergueu os olhos de um bilhete que estava escrevendo à mesa da sala de jantar e me perguntou, "Como se escreve 'vacuidade'? Para falar de um 'sentimento de vacuidade'?".

Ela passou todo o jantar de Natal se desculpando pela ausência do tradicional *sorbet* de *cranberry*, que este ano ela se sentira cansada demais para preparar. Cada vez que ela se desculpava, nós lhe garantíamos que não estávamos sentindo falta nenhuma do *sorbet*, e que o molho de *cranberry* feito em casa era mais que suficiente para todos nós. Alguns minutos mais tarde, como algum brinquedo mecânico, ela dizia que sentia muito por não ter preparado o tradicional *sorbet* de *cranberry*, mas aquele ano ela estava muito cansada. Depois do jantar, subi a escada e peguei meu caderno, como tantas vezes antes; mas dessa vez eu é que fui escrito.

De uma carta escrita pela minha mãe depois dos feriados:

Seu pai acha que seu plano de estudos é tão ralo que não "vale" o dinheiro dele, ou coisa parecida. Na verdade, querido, ele está decepcionado (e talvez eu não devesse lhe contar, mas desconfio que você já saiba) por você não estar se formando em algum "ofício vendável" como prometeu — você fez o que gosta, certo, mas a vida real é outra coisa — & o curso foi *extremamente* caro. Claro que eu sei que você quer "escrever", mas a mesma coisa acontece com

---

* Assim, uma certa manhã, ele foi preso.

dezenas de milhares de outros jovens também talentosos & até eu chego a me perguntar às vezes se você está sendo realista. Bom, não deixe de nos contar qualquer novidade estimulante ou interessante — nem mesmo um diploma de Swarthmore é garantia automática de sucesso. Detesto ser pessimista (sou quase sempre uma pessoa positiva), mas vi como Tom desperdiçou o talento dele, & espero que você não vá repetir a dose.

Da minha carta de resposta:

Talvez eu precise esclarecer algumas coisas que achei que fossem de conhecimento comum entre nós três.
1. Estou num PROGRAMA ESPECIAL DE ESTUDOS. Nesses programas, fazemos seminários que exigem grande quantidade de leitura independente; cada um é considerado, portanto, equivalente a duas aulas de quatro ou cinco horas...
2. Quando foi exatamente que eu prometi um diploma no que você continua a chamar de "ofício vendável"? E dessa promessa dependia o quê? Vocês continuarem a pagar meus estudos? Você tem razão, acho mesmo que isso tudo me fugiu da memória.
3. Eu sei que a essa altura toda semana você me lembra do quanto Swarthmore é "*extremamente* caro", menos para que eu tome conhecimento do fato que pelo efeito retórico. No entanto, acho que você devia saber que existe um ponto a partir do qual uma repetição como essa começa a ter um efeito inverso ao pretendido.

Da resposta do meu pai à minha resposta:

Acho que sua carta merece ser refutada porque contém muitos comentários críticos — e alguns deles em tom amargo. É um pouco difícil responder sem a carta da sua mãe, mas a essa altura você deveria saber que ela nem sempre é racional ou manifesta muito tato — e levar em conta ainda que ela não vem passando bem desde setembro... Até o joelho está incomodando de novo. Ela toma quatro remédios diferentes várias vezes por dia, o que eu acho que não é bom para ela. Minha análise é que as preocupações dela a deixam fisicamente desequilibrada. Mas não consigo descobrir o que a preocupa tanto. A saúde dela é nossa única preocupação, mas está se transformando numa situação de *ardil-22*.

E da resposta da minha mãe à minha resposta:

Como será que posso desfazer o mal que eu causei, magoando você como magoei e me sentindo tão triste & tão culpada desde então quando, devido ao meu amor e respeito por você (não só como meu filho, mas como uma das pessoas mais especiais de toda a minha vida), fico deprimida com a falta de critério & irracionalidade da carta que lhe escrevi quando estava numa disposição desconfortável. Tudo o que posso dizer é que sinto muito, e que fiquei arrasada com tudo. Confio absolutamente em você e o amo muito — suplico que me perdoe, e falo de coração.

O último dos romances que li em alemão naquele outono, e a que resisti com mais firmeza, foi *A montanha mágica*. Resisti porque o entendi muito melhor do que os outros romances. Seu jovem herói, Hans Castorp, é um burguês da planície que vai passar três semanas visitando um sanatório da montanha, acaba capturado pela estranheza hermética do lugar, e no final das contas, passa sete anos lá. Castorp é um inocente do tipo que poderia situar-se na extremidade do Cérebro de uma linha Coração/Cérebro, e

Thomas Mann o trata com uma ironia amorosa e uma onisciência monstruosa que, juntas, me levaram à loucura. Mann, e Avery nos ajudou a ver, apresenta cada símbolo com perfeição: a planície burguesa é o lugar da saúde física e moral, as alturas boêmias são o lugar da genialidade e da doença, e o que atrai Castorp da primeira para as segundas é o poder do amor — especificamente, sua atração pela também paciente Clawdia Chauchat. Clawdia é mesmo a "gata quente" que seu nome em francês denota. Ela e Castorp trocam olhares sete vezes na sala de jantar do sanatório; ele ocupa o quarto 34 (3+4=7!), e ela, o quarto 7; e o flerte entre os dois finalmente chega ao desenlace na Noite de Walpurgis, exatamente sete meses depois da sua chegada, quando ele a aborda a pretexto de pedir-lhe um lápis emprestado, assim repetindo o ousado pedido de empréstimo de um lápis que fizera na juventude a um menino parecido com Clawdia de quem gostara muito tempo antes, um menino que lhe dissera para não "quebrar" o lápis, e ele faz sexo com Clawdia uma vez, e uma única vez, e nunca com ninguém mais etc. etc. etc. E então, como tanta perfeição formal pode ser desalentadora, Mann introduz um capítulo que é um tour de force, "Neve", sobre a frieza mortífera da perfeição formal, e a partir daí conduz o romance numa direção menos hermética, o que é, por sua vez, a decisão formalmente perfeita a tomar.

A consciência tão alemã de organização que opera nesse caso me deixou aplastrado, como uma proeza elaborada e bem executada. Ainda assim, no miolo do livro, havia uma questão que tinha um interesse pessoal genuíno, tanto para Mann quanto para mim. Como é que um jovem abandona tão depressa os valores e as expectativas da sua formação de classe média? Superficialmente, no caso de Castorp, pode-se imaginar que a causa esteja no pequeno ponto de tuberculose que se revela num raio X do seu tórax. Mas Castorp se entrega com tamanha ansiedade ao seu diagnóstico que dá para ver que isso era antes algo como um pretexto — "*ein abgekartetes Spiel*."* O verdadeiro motivo para que continue no sanatório enquanto sua vida se torna irreconhecível para ele mesmo é sua atração pelo *mons veneris* de Clawdia, sua chamada montanha mágica. Como disse Goethe, "*Das Ewig-Weibliche/ Zieht uns hinan*."** E parte do que tanto me incomodou na condescendência irônica de Mann para com Castorp é sua cumplicidade com o que me parecia ser a passividade de Castorp. Ele não troca ativamente, por inquietação própria, a planície burguesa pela boêmia alpestre; a mudança é que ocorre *com ele.*

E ocorreu também comigo. Depois das festas, estive em Chicago e vi Tom, que estava a caminho de se transformar no construtor e decorador não muito diferente do que meu pai imaginara, e conheci sua nova namorada, Marta Smith, que era exatamente tão excelente quanto o prometido (e, de fato, em menos de um ano, se transformou na nora em que minha mãe mais confiava). De Chicago, voltei para a faculdade uma semana antes do recomeço das aulas e me instalei no apartamento em cima do mercado e açougue onde morava a estudante de francês. Logo ficou claro que tanto eu como ela estávamos fartos um do outro, fartos de não ver nada acontecer em nossas vidas. Já sua companheira de apartamento, a nova-iorquina ruiva, minha concorrente, rompera com o namorado cubano, e passei a assistir filmes antigos com ela depois que o resto da casa tinha ido dormir. Ela era a pessoa mais inteligente que eu jamais conhecera. Era capaz de olhar de relance para uma página de Wordsworth e dizer na mesma hora o que ele pretendia com cada um dos versos. Logo ficou claro que ela e eu tínhamos ambições idênticas de deixar para trás as coisas infantis, e que ela também, a seu modo, estava fu-

---

* Um jogo de cartas marcadas.
** O Eterno-Feminino / Nos atrai para o alto.

178

gindo da planície. Em pouco tempo, sua voz soava na minha cabeça o tempo todo. Ocorreu-me que meu interesse por sua melhor amiga, a estudante de francês, pode nunca ter sido muito mais do que um "*abgekartetes Spiel*". A concorrente e eu fomos jantar na casa de um casal de estudantes que morava fora do campus, amigos comuns nossos, cujo gosto em matéria de comida e de roupas depois ficamos deplorando a noite inteira, numa orgia de preferências idênticas. No dia seguinte, depois da chegada do correio, ela me perguntou se eu conhecia alguma pessoa em Chicago chamada Marta Smith. Essa tal Smith tinha posto as mãos de alguma forma num exemplar de *Small Craft Warnings*, onde lera um conto chamado "Esquartejando você no seu aniversário", e escrevera espontaneamente para dizer que tinha adorado. Marta não tinha a menor idéia do meu interesse pela autora do conto, e o momento da chegada da sua carta foi como um sinal místico de um romance alemão do tipo que eu naquele momento esquecera que não gostava.

Na noite do vigésimo primeiro (3 x 7!) aniversário da concorrente, no dia 24 de janeiro (24/1 = 1+2+4 = 7!), que era vinte e um (3 x 7!) dias antes do dia de São Valentim (14/2 = 7!), cheguei à festa dela com um pacote caro de cigarros italianos de presente. A parte minha que temia complicações enormes a longo prazo esperava que nós dois continuássemos apenas amigos. Mas outra parte minha, mais importante, devia ter outra intenção (ou pelo menos foi o que especulei mais tarde, como Josef K. especula que alguém "devia vir" contando mentiras a respeito dele), porque eu ainda estava no sofá com ela às cinco da manhã seguinte, muito depois do fim da festa. Quando lhe pedi desculpas por tê-la mantido acordada até tão tarde, a resposta que brotou da sua boca infinitamente macia, com sabor de couve-flor crua, foi tranqüilizadora e clara, da mesma forma que Thomas Mann é claro e tranqüilizador. "A minha idéia de um vigésimo primeiro aniversário perfeito", disse ela, "certamente não incluía ir dormir antes das cinco."

Mais uma cena desse tipo de romance.

Vinham lendo Freud intensamente na semana anterior às férias de primavera. A ruivinha tinha uma amiga no centro da aldeia, uma professora secundária chamada Chloe, que oferecera à moça e ao rapaz o uso do seu apartamento enquanto saía de férias. A moça e o rapaz estavam prontos para fazer coisas na cama que eram totalmente novas para o rapaz, embora não para a moça, e que pareciam aos dois obviamente carnais demais para que uma simples porta oca de quarto escondesse dos demais moradores da casa. De maneira que os dois caminharam até o apartamento de Chloe numa tarde de terça-feira, durante uma pausa entre duas chuvaradas de primavera. As pétalas de magnólia que amassaram com os pés estavam salpicadas de chuva. Em sua mochila, a moça trazia pão, manteiga, ovos, gim, água tônica, café, cigarros e contraceptivos. O apartamento de Chloe ficava no andar térreo de um edifício baixo de tijolinho sem qualquer marca singular, pelo qual o rapaz já tinha passado centenas de vezes sem jamais reparar. As peças do apartamento estavam meio vazias devido à partida de um namorado de quem Chloe tinha falado mal para a moça até finalmente juntar a coragem de romper com ele. A moça e o rapaz prepararam gins-tônicas e foram para o quarto de Chloe. Embora tivessem trancado a porta de entrada e não houvesse mais ninguém no apartamento, era impensável deixar de fechar a porta do quarto de Chloe. Cair na cama diante de uma porta aberta era convidar algum desconhecido malévolo a assomar por ela quando estivessem prestando atenção em outras coisas, o que ocorria em todo filme de terror adolescente já feito no mundo. O rapaz ainda estava tentando superar a surpresa de descobrir que a moça quisesse sexo tanto quanto ele, embora não soubesse mais dizer por que aquilo o surpreendera tanto. Ele só se sentia agradecido pelo que aprendia. Nada que aquela moça pudesse fazer com ele era sujo. Já o próprio quarto, por sua vez, era sujíssimo. Havia um cheiro de carpete mofado e uma imensa mancha amarela no teto. Havia roupas de Chloe apontando para fora das gavetas, empilhadas ao lado do armário, pendendo aglomeradas de um cabide na porta do corredor. A moça era limpa e tinha um cheiro fresco, mas Chloe, que o rapaz jamais conhecera, parecia não ser. De maneira que era sujo ser chupado na cama suja de Chloe. Uma pancada de chuva tamborilava furiosa na única janela do quarto, por trás de uma veneziana plástica barata e estragada. A chuva continuava, mas depois parou antes que o rapaz e a moça parassem. O céu estava quase escuro quando se vestiram e saíram para dar uma volta e fumar cigarros. A oeste, uma faixa estreita de céu azul-esverdeado era visível entre as nuvens de chuva que avançavam para longe e um dos prédios da faculdade, iluminado em tons quentes. Mesmo depois dos cigarros, o rapaz ainda sentia o gosto de magia na boca. Em seu peito havia um sentimento de gratidão e constrangimento tão vastos que ele chegava a gemer baixinho, involuntariamente, cada vez que sua memória pousava no que a moça fizera por ele e o deixara fazer.

Já era noite quando voltaram ao apartamento de Chloe e descobriram que alguém tinha entrado lá enquanto estiveram na rua. A porta da frente, que eles haviam tomado o cuidado de trancar, estava destrancada. No final do corredor, na cozinha, que tinham deixado de luz apagada, viram uma luz forte acesa. "Alô?", gritou o rapaz. "... Alô? ... Alô!" Nenhuma resposta. Ninguém na cozinha. O rapaz perguntou se o namorado de Chloe ainda podia ter uma chave do apartamento. A moça, pegando gelo no congelador para um novo gim-tônica, disse que achava improvável, tendo em vista que o cara já tinha levado embora tudo o que era seu. "E ele ainda deve metade do aluguel a Chloe", disse a moça, abrindo a porta da geladeira, e então: "Merda! MERDA! MERDA!". O rapaz perguntou, "O quê?" e a moça disse, "Ele esteve aqui! Alguém!". Porque a garrafa de água tônica, que a moça e o rapaz tinham deixado com mais da metade do conteúdo, agora estava quase vazia. Os dois se entreolharam, arregalados, e tentaram ver alguma coisa no corredor escuro. O rapaz queria ter acendido a luz. "Alô?", exclamou ele. "Tem alguém aí?" A moça abria gavetas, à procura de facas. Mas Chloe não parecia possuir nada maior do que um jogo de facas serrilhadas de cortar bife. A moça pegou uma delas e entregou outra ao rapaz, e saíram juntos pelo corredor, repetindo, "Alô? Alô?". A sala estava em ordem. Assim como o escritoriozinho. Mas, quando o rapaz chegou à porta do quarto e a empurrou, o homem do outro lado a empurrou de volta. O homem estava armado, e o rapaz agarrou a maçaneta com as duas mãos puxando-a para si e apoiando os pés dos dois lados da porta, puxando com toda a força contra uma resistência significativa. Por um momento, ele ouviu o homem bufando do outro lado da porta. E depois nada. O rapaz continuava puxando com toda a força. Tanto ele quanto a moça arquejavam, aterrorizados. "O que eu faço?", disse ela. "Vá embora, vá embora, saia daqui", respondeu ele com voz rouca, "vá para fora!" Ela correu para a porta da frente e a abriu, olhando de volta para o rapaz, que ainda puxava a maçaneta com toda a força. Ele estava só a oito passos de distância dela. Podia chegar do lado de fora antes que o homem com a arma conseguisse acabar de abrir a porta e fazer pontaria. E assim o rapaz saiu correndo. Ele e a moça atravessaram correndo o saguão do edifício, chegaram à calçada e pararam, respirando com esforço. Eram seis da tarde num subúrbio ameno. Havia gente chegando em casa do trabalho, alguém arremessando uma bola ao cesto do outro lado da rua, um frio invernal que reemergia das sombras. Enquanto o rapaz e a moça continuavam ali na calçada, tremendo de frio, sentiam-se ao mesmo tempo covardes e extraordinários, como se nada daquele tipo jamais tivesse acontecido

— *jamais pudesse acontecer* — *com qualquer pessoa no mundo além deles. De sentir aquilo ao casamento, era uma corrida mais assustadora do que entre a porta do quarto e um lugar seguro. "Acho que podemos perguntar", disse a moça, tremendo, "por que exatamente o namorado de Chloe poderia querer nos fazer mal." O rapaz também se perguntava se talvez o peso e o som do outro lado da porta não podiam ter sido simplesmente as roupas de Chloe, balançando nos cabides. O mundo voltava a ser racional. Devia haver uma poça pegajosa de água tônica na prateleira de baixo da geladeira, algum problema com a fechadura da porta da frente, um timer comandando as luzes da cozinha. O rapaz e a moça iam voltar para o apartamento e pôr o Inconsciente em seu devido lugar.*

6. Meu problema com as aves

Fevereiro de 2005, sul do Texas: eu me hospedei num motel de beira de estrada em Brownsville e acordava todo dia ainda no escuro, fazendo café para o meu velho amigo Manley, que não falava comigo nem saía da cama antes de tomar uma xícara, e depois engolia sem mastigar o café-da-manhã grátis do motel antes de sair correndo para o nosso carro alugado e passar doze horas seguidas observando aves. Eu esperava a noite cair antes de comprar o almoço e encher o tanque, a fim de evitar perder qualquer minuto de luz aproveitável do dia. A única maneira de não admitir qualquer questionamento ao que eu estava fazendo e aos motivos pelos quais estava fazendo aquilo era não fazer absolutamente mais nada.

No Refúgio Nacional de Vida Natural de Santa Ana, numa tarde quente de dia de semana, Manley e eu caminhamos vários quilômetros por estradas empoeiradas até chegarmos a um lago de construção humana na margem oposta do qual vislumbrei três patinhos de cor castanho-clara. Dois deles saíram nadando a toda velocidade para se refugiar em meio a uns juncos altos, concedendo-me basicamente uma visão das suas bundas, mas o terceiro ainda ficou ali por tempo suficiente para que eu pudesse apontar meu binóculo para a sua cabeça, onde a impressão era de que uma pessoa tinha mergulhado dois dedos em tinta preta e traçado linhas horizontais de um lado ao outro da sua cara.

"Um bico-roxo!", disse eu. "Está vendo?"

"Estou vendo o pato", respondeu Manley.

"Um bico-roxo!"

A ave desapareceu depressa em meio aos juncos e não deu sinal de reaparecer. Mostrei a Manley a figura no meu *Sibley*.

"Não conheço esse tipo de pato", disse ele. "Mas o pato dessa figura é o que acabei de ver."

"Os traços no rosto. O castanho quase cor de canela."

"É."

"Era um bico-roxo!"

Estávamos a poucas centenas de metros do rio Grande. Do outro lado do rio, se você viajasse para o sul — até o Brasil, digamos — veria bicos-roxos às dúzias.* Mas aqueles animais eram uma raridade ao norte da fronteira com o México. O prazer daquele avistamento amenizou nossa longa caminhada de volta até o estacionamento.

Enquanto Manley se estendia no banco do carro para um cochilo, fui fuçar um pântano próximo. Três sujeitos brancos de meia-idade com um bom equipamento me perguntaram se eu tinha visto alguma coisa interessante.

---

* No Brasil, a *Nomonyx dominica* ou *dominicus*, no original "*masked duck*", é conhecida ainda, além de "bico-roxo", como *cã-cã, marreca-rã, marrequinha, paturi* e *tururu*. Os nomes comuns das outras dezenas de espécies de aves relacionadas aqui pelo autor foram levantados com o rigor possível com a ajuda de uma série de dicionários, glossários e enciclopédias: a partir de agora, serão acrescentados, em novas notas ou entre parênteses, os nomes em inglês e os nomes científicos apurados em cada caso. (N. T.)

"Pouca coisa", respondi, "além de um bico-roxo."

Os três começaram a falar ao mesmo tempo.

"Um bico-roxo?"

"Um bico-roxo!"

"Onde, exatamente? Mostre no mapa!"

"Tem certeza de que era um bico-roxo?"

"Você conhece o pato-de-rabo-alçado?* Sabe como é a fêmea?"

"Era um bico-roxo!"

Eu disse que sim, que já tinha visto fêmeas de pato-de-rabo-alçado, que freqüentam o Central Park, e que o que eu tinha visto era outro. Parecia que alguém tinha mergulhado dois dedos na tinta preta e —

"Estava sozinho?"

"Havia outros?"

"Um bico-roxo!"

Um dos homens pegou uma caneta, anotou meu nome e me pediu que indicasse a localização do laguinho num mapa. Os outros dois já seguiam a estrada pela qual eu tinha voltado.

"E você tem certeza de que era um bico-roxo", disse o terceiro homem.

"Pato-de-rabo-alçado é que não era", respondi.

Um quarto homem saiu de algumas moitas bem atrás de nós. "Estou com um bacurau dormindo numa árvore."**

"E esse sujeito viu um bico-roxo", disse o terceiro homem.

"Um bico-roxo! Tem certeza? Você conhece a fêmea do pato-de-rabo-alçado?"

Os outros dois homens voltaram correndo pela estrada. "Alguém falou em bacurau?"

---

* Em inglês "*ruddy duck*" (*Oxyura jamaicenses*).
** Em inglês "*nighthawk*". Gên. *Chordelis*.

"Foi, estou com o telescópio apontado para ele."

Nós cinco voltamos para as moitas. O bacurau, adormecido num galho de árvore, parecia uma meia cinza grossa meio embolada. O dono do telescópio disse que o amigo dele que vira aquela ave pela primeira vez tinha dito que era um bacurau-americano (*Chordelis minor*), e não um bacurau comum. Mas o trio bem equipado tomou a liberdade de discordar.

"Ele disse que era um bacurau-americano? Mas ouviu o canto?"

"Não", respondeu ele. "Mas a área percorrida — "

"Não, a área percorrida é a mesma."

"Mas nessa altura do ano, estando aqui, tudo indica que seja um bacurau comum."

"Procure a listra na asa."

"Comum."

"Sem dúvida, é comum."

Os quatro homens partiram em marcha forçada à procura do bico-roxo, e comecei a ficar preocupado. Minha identificação do pato, que na hora me pareceu indubitável, agora me dava a sensação de ter sido perigosamente apressada, diante daqueles quatro observadores sérios que partiam numa caminhada de vários quilômetros em pleno calor da tarde. Fui acordar Manley.

"A única coisa que conta", disse ele, "é que nós vimos o pato."

"Mas o sujeito anotou meu nome. Agora, se eles não conseguirem ver, vou ficar com má fama."

"Se eles não conseguirem ver, vão achar que os bichos se esconderam no meio dos juncos."

"Mas e se eles virem uns patos-de-rabo-alçado? Pode ser que lá tenha tanto rabo-alçado quanto bicos-roxos, e os rabo-alçados são menos tímidos."

"É mesmo um bom motivo para ficar ansioso", disse Manley, "se você está à procura de algum motivo de ansiedade."

Fui até o centro de visitantes do refúgio e escrevi no livro de visitantes: *Três BICOS-ROXOS, um certo e dois parcialmente vislumbrados, no extremo norte de Cattails 2.* Perguntei a uma voluntária se alguém mais tinha avistado algum bico-roxo.

"Não, é o primeiro deste inverno", disse ela.

Na tarde seguinte, na ilha South Padre, nos charcos por trás do Centro de Convenções, onde cerca de vinte aposentados do Meio-Oeste e outros sujeitos brancos de barba por fazer percorriam as passarelas de madeira com suas câmeras e seus binóculos, vi uma bela jovem de cabelos escuros fotografando um casal de patos com uma teleobjetiva. "Marrecos-de-asa-verde",* expliquei a Manley.

A moça levantou os olhos bruscamente. "Marrecos-de-asa-verde? Onde?"

Indiquei os patos com a cabeça.

"Não, aqueles são piadeiras-americanas",** disse ela.

"Isso mesmo."

Eu já tinha cometido o mesmo erro. Sabia perfeitamente como era uma piadeira-americana, mas às vezes, na voragem de ver alguma coisa, meu cérebro se confundia. Enquanto Manley e eu batíamos em retirada pela passarela, eu lhe mostrei as figuras.

"Está vendo", disse eu, "a piadeira-americana e o marreco-de-asa-verde têm mais ou menos a mesma paleta de cores, só que em posições diferentes. Eu devia ter dito piadeira-americana. Agora ela vai achar que eu não sei a diferença entre uma piadeira-americana e um marreco-de-asa-verde."

"Por que você não diz isso a ela?", perguntou Manley. "Vá lá e diga que o nome errado deu um jeito de sair da sua boca."

"Só ia piorar as coisas. Seria um exagero."

---

* Em inglês "*green-winged teal*" (*Anas carolinensis*).
** Em inglês "*wigeon*" (*Anas americana*).

"Mas pelo menos ela ia saber que você conhece a diferença."

"Ela não sabe meu nome. Nunca mais vou tornar a vê-la. É o único consolo que eu consigo imaginar."

Não existe lugar melhor para as aves americanas em fevereiro do que o sul do Texas. Embora Manley já tivesse estado aqui trinta anos antes, quando era um observador de aves adolescente, aquele era um mundo totalmente novo para mim. Em três dias, eu avistara anuns-pretos irresistivelmente desgrenhados pulando no alto das moitas, biguatingas de aparência jurássica secando as asas ao sol, esquadrões de pelicanos brancos planando rio abaixo com as asas abertas em envergaduras de quase três metros, um casal de caracarás devorando uma cobra atropelada, um elegante surucuá e um bicudo-de-garganta-vermelha, além de dois tordos exóticos, todos espalhados por um terreno da Sociedade Audubon em Weslaco que mais parecia uma coleção de selos.* A única frustração tinha sido o alvo número um da minha viagem, a marreca-de-asa-branca (também conhecida no Brasil como *marajoara, marreca-cabocla* ou *paturi-açu,* em inglês *"black-bellied whistling duck", Dendrocygna autumnalis.*) Caso raro de marreca que faz ninho em árvores, com um bico cor-de-rosa claro e anéis brancos em torno dos olhos, a marreca-de-asa-branca era um dos animais do meu guia de campo que eu não conseguia muito acreditar que existisse — parecia saído dos relatos de Marco Polo. Diz o guia que ela passa o inverno, em grandes quantidades, nos lagos que se formam nos meandros dos rios (chamados de *resacas* em espanhol), e a cada área que eu percorria com os olhos em vão a ave se tornava mais e mais mítica para mim.

---

* Pela ordem, *"ani"* (*Crotophaga ani*); *"anhinga"* (*Anhinga anhinga*); *"white pelican"* (*Pelecanus onocrotalus*); *"caracara"* (*Caracara plancus*); *"trogon"* (*Trogon surucua*); *"crimson-collared grosbeak"* (*Rhodothraupis celaeno*); *"robins"*, gên. *Turdus.* (N. T.)

Na ilha South Padre, à medida que o nevoeiro se assentava, vindo do golfo do México, eu me lembrei de levantar os olhos para a caixa d'água da cidade, onde, de acordo com meu guia, um falcão-peregrino (*"pilgrim falcon"*, *Falco peregrinus*) costumava se empoleirar. De fato, muito vagamente, vi o peregrino lá no alto. Armei meu telescópio, e um casal mais velho, dois observadores de aves com ar experiente, me perguntaram o que eu tinha achado.

"Falcão-peregrino", respondi com orgulho.

"Sabe, Jon", disse Manley, com o olho no telescópio, "a cabeça parece mais a de uma águia-pescadora."*

"É uma águia-pescadora", afirmou a mulher com voz tranqüila.

"*Meu Deus*", disse eu, tornando a olhar, "é tão *difícil* dizer no meio do nevoeiro, e ter uma noção de escala, sabe, lá em cima, mas tem razão, isso mesmo, estou vendo. Águia-pescadora, águia-pescadora. Isso mesmo."

"É a grande vantagem do nevoeiro", observou a mulher. "Permite a você enxergar o que quiser."

Nesse exato momento, a moça de cabelos escuros apareceu, com seu tripé e sua câmera imensa.

"Águia-pescadora", eu disse a ele em tom confiante. "Aliás, sabe, ainda não me recuperei de ter dito 'marreco-de-asa-verde' quando queria dizer 'frisada'."

Ela arregalou os olhos para mim. "*Frisada?*"**

De volta ao carro, usando o telefone de Manley para evitar ser traído por causa de um identificador de chamadas, liguei para o centro de visitantes de Santa Ana e perguntei se "alguém" tinha avistado algum bico-roxo na área.

---

* Ou *águia-pesqueira*. Em inglês *"osprey"* (*Pandion haliaetus*). (N. T.)
** Em inglês *"gadwall"* (*Anas strepera*). (N. T.)

"Sim, ontem mesmo um viajante relatou ter visto um. Na área de Cattails."

"Só uma pessoa?"

"Foi. Eu não estava aqui. Mas uma pessoa relatou ter visto um bico-roxo."

"Fantástico!", disse eu — como se, fingindo alguma animação, eu pudesse conferir alguma credibilidade *a posteriori* ao meu próprio relato. "Vou até aí procurar!"

A meio caminho de volta para Brownsville, numa das estradinhas estreitas de terra que Manley sempre me instruía a seguir, paramos para admirar uma *resaca* azul toda orlada de verde, tendo atrás de nós o sol poente. O delta, no inverno, é bonito demais para permitir que você cultive algum constrangimento por um tempo prolongado. Desci do carro, e lá, em silêncio, no lado sombreado da água, flutuando descuidada, como se aquilo fosse a coisa mais natural do mundo — que, afinal, é o modo de ser das criaturas mágicas em lugares encantados —, estava minha marreca-de-asa-branca.

Foi estranho voltar a Nova York. Depois de tanta animação no sul do Texas, eu estava vazio e inquieto, como um toxicômano que começasse a tentar viver sem sua droga. Era uma dificuldade tornar-me compreensível para os amigos; não conseguia me concentrar no trabalho. Toda noite eu me deitava com livros sobre aves e lia sobre todas as outras viagens que podia fazer, estudando as características das espécies que nunca tinha visto, e depois tinha sonhos nítidos com aves. Quando dois peneireiros ("*kestrel*", *Falco tinnunculus*), macho e fêmea, possivelmente expulsos do Central Park pelo artista Christo e sua mulher, Jeanne-Claude, começaram a aparecer numa chaminé perto da janela da minha cozinha, mergulhando os bicos no sangue de camundongos recém-mortos, seu deslocamento parecia espelhar o meu.

Uma noite, no início de março, fui até a Sociedade de Cultura Ética ouvir Al Gore falando sobre o aquecimento global. Eu esperava achar graça da pobreza retórica do seu discurso — e revirar os olhos cada vez que ouvisse Gore entoar as palavras "destino" e "humanidade", com aquela sua maneira de ostentar suas credenciais de c.d.f. e fazer suas advertências enfáticas aos consumidores americanos. Mas Gore dava a impressão de ter redescoberto algum senso de humor. Seu discurso era divertido de se ouvir, embora incrivelmente deprimente. Por mais de uma hora, com intenso apoio de recursos gráficos, ele apresentou indícios irresistíveis de cataclismos climáticos que resultarão num grau inimaginável de perturbações e sofrimento por todo o planeta, possivelmente ainda durante a minha vida. Saí do auditório envolto numa nuvem de dor e preocupação do tipo que me cercava na adolescência toda vez que lia sobre a guerra nuclear.

Normalmente, em Nova York, mantenho minha consciência ambiental sob controle estrito, confinando-a, idealmente, aos dez minutos por ano em que aplaco minha culpa preenchendo cheques em nome de grupos como o Sierra Club. Mas a mensagem de Gore era tão perturbadora que eu já estava quase de volta ao meu apartamento antes que me ocorresse qualquer argumento para rebatê-la em alguma medida. Como: eu já não estava fazendo mais do que a maioria dos americanos para combater o aquecimento global? Afinal não tenho carro, vivo num apartamento em Manhattan que é auto-suficiente em matéria de energia, sempre procuro separar o lixo reciclável. E também: aquela noite não estava *estranhamente fria* para um início de março? E os mapas de Gore mostrando Manhattan no futuro, a ilha semi-submersa pelo aumento do nível dos mares, não mostravam todos que a esquina da Lexington com a 81, onde eu moro, continuaria a seco, mesmo no pior dos casos? O Upper East Side tem uma topografia bem definida. Acho improvável que a água do mar aumentada pelo derretimento da calota de gelo da Groenlândia pudesse chegar mais longe que o supermercado Citarella da Terceira Avenida, seis quarteirões a leste e ao sul. Além disso, meu apartamento fica no décimo andar.

Quando entrei em casa, crianças não vieram correndo me abraçar, e essa ausência parecia encerrar a discussão. Era melhor eu investir meu orçamento de ansiedade em pandemias virais e em bombas sujas do que no aquecimento global. Mesmo que eu tivesse filhos, teria sido difícil para mim me preocupar com o bem-estar climático dos filhos dos filhos deles. Não ter filhos me libertava por completo. Não ter filhos era minha última, minha melhor linha de defesa contra gente do tipo de Al Gore.

Só havia um problema. Ao tentar adormecer naquela noite, ao repassar mentalmente as imagens geradas por computador que Gore apresentara de uma América do Norte desertificada, não havia maneira de eu não me incomodar com os bilhões de aves e os milhares de espécies aviárias que correm o risco de se extinguir no mundo todo. Muitos dos lugares do Texas que eu visitara em fevereiro tinham elevação inferior a cinco metros, e o clima naquela área já era quase letal, de tão extremo. É provável que os seres humanos consigam se adaptar às mudanças futuras, já que primamos pela criatividade em evitar calamidades e inventar ótimas histórias quando não devíamos, mas as aves não têm tantas opções quanto nós. As aves precisam de ajuda. E isso, percebi, é a verdadeira calamidade para um americano moderno de vida confortável. Este é o desdobramento que passei muitos anos me esforçando ao máximo para evitar: não a convulsão futura que vai acabar com o mundo, mas meu sentimento de estar obrigado a me preocupar com isso no presente. Esse é meu problema com as aves.

* * *

Por muito tempo, ainda nos anos 80, minha mulher e eu vivemos num pequeno planeta próprio. Passávamos quantidades sobre-humanas e esplêndidas de tempo a sós. Em nossos primeiros dois apartamentos, em Boston, vivíamos tão absorvidos um pelo outro que só tínhamos exatamente um bom amigo, nosso colega de turma na faculdade, Ekström, e quando finalmente nos mudamos para o Queens, Ekström também se mudou para Manhattan, poupando-nos assim da necessidade de encontrar algum novo amigo.

Nos primeiros tempos do nosso casamento, quando meu velho professor de alemão Weber me perguntou o que fazíamos em matéria de vida social, respondi que não tínhamos vida social alguma. "Isso funciona bem por um ano", observou Weber. "No máximo dois." Sua segurança me ofendeu. Pareceu-me de uma condescendência extrema, e nunca mais falei com ele.

Nenhum dos arautos do fim dos tempos entre os nossos parentes e antigos amigos, nenhum desses climatologistas muito exaltados de cenho franzido, parecia reconhecer a especial capacidade de adaptação do nosso enlace. Para demonstrar que estavam enganados, fizemos nossa solidão a dois funcionar por quatro, cinco, seis anos; e então, quando a atmosfera doméstica começou a ficar realmente superaquecida, fugimos de Nova York para uma cidadezinha na Espanha onde não conhecíamos ninguém e os próprios habitantes mal falavam espanhol. Éramos como os personagens de Jared Diamond em *Collapse*, tão presos aos hábitos que reagem à degradação do ecossistema redobrando as provações a que o submetem — os habitantes medievais da Groenlândia, os habitantes pré-históricos da ilha da Páscoa, os compradores contemporâneos de caminhonetes reforçadas com tração nas quatro rodas. As reservas que nós dois ainda tínhamos quando chegamos à Espanha foram totalmente consumidas em sete meses de isolamento.

De volta ao Queens, não agüentávamos mais ficar juntos por mais de poucas semanas, não agüentávamos ver um ao outro tão infeliz, sem correr para algum lugar diferente. Reagíamos a brigas sem importância no café-da-manhã deitando de bruços cada qual no chão do respectivo quarto por horas a fio, esperando que nossa dor fosse levada em consideração. Eu escrevia jeremíadas venenosas para membros da família que achava que tinham ofendido minha mulher; ela me apresentava análises manuscritas de quinze ou vinte páginas do estado da nossa relação; eu consumia um frasco de Maalox por semana. Ficou claro para mim que alguma coisa estava muito errada. E o que estava errado, concluí, era a destruição do meio ambiente pela sociedade industrial moderna.

Nos primeiros anos, eu era pobre demais para me preocupar com o meio ambiente. Meu primeiro carro em Massachusetts foi um Nova '72 de teto de vinil que precisava de vento de popa para chegar a quatro quilômetros por litro, e cujo cano de descarga emanava um vapor denso e complexo como um caldo de *boeuf bourguignon*. Depois da morte do Nova, compramos uma caminhonete Malibu cujo ridículo carburador de quatro cilindros (oitocentos dólares) precisava ser substituído e cujo catalisador (350 dólares) tivera as entranhas removidas para facilitar o fluxo dos gases. Poluir o ar um pouco menos nos teria custado o equivalente a dois ou três meses das nossas despesas totais. O Malibu sabia ir praticamente sozinho para a oficina fora-da-lei onde comprávamos nosso selo anual de inspeção antifumaça.

O verão de 1988, porém, foi um dos mais quentes já registrados na América do Norte, e a área rural da Espanha tinha sido um espetáculo inesquecível de desenvolvimento sem controle, encostas cobertas de lixo e canos de descarga de motores Diesel, e depois do desmonte do Muro de Berlim a possibilidade de aniquilação nuclear (meu apocalipse de estimação por muitos e muitos anos) vinha diminuindo, e a boa coisa no que diz respeito à destruição da natureza é que, como apocalipse alternativo, ela me dava uma oportunidade de pôr a culpa em mim mesmo. Eu crescera ouvindo sermões diários sobre a responsabilidade individual. Meu pai guardava pedaços de barbante e pontas de lápis, e me legou fantásticos preconceitos protestantes suecos. (Ele considerava injusto beber um aperitivo em casa antes de ir a um restaurante, porque o lucros dos restaurantes dependem da venda de bebidas alcoólicas.) Preocupar-me com a quantidade de lenços e toalhas de papel que eu desperdiçava, a quantidade de água que deixava correr enquanto me barbeava, as seções do *New York Times* de domingo que eu jogava fora sem ler e os poluentes com que eu ajudava a locupletar os céus cada vez que pegava um avião era uma coisa natural para mim. Eu discutia apaixonadamente com um amigo que acreditava que menos BTU's se perdiam quando você mantinha a casa aquecida pela noite toda a vinte graus do que quando aumentava a temperatura para vinte graus assim que acordava de manhã. Toda vez que eu lavava um pote de manteiga de amendoim, tentava calcular se o uso de petróleo seria menor para fabricar um pote novo ou para aquecer a água da pia e depois transportar o pote usado limpo para um centro de reciclagem.

Minha mulher saiu de casa em dezembro de 1990. Uma amiga a convidara para ir morar em Colorado Springs, e ela estava mais do que disposta a fugir à poluição do espaço em que vivia pela minha presença. Como a sociedade industrial moderna, eu continuava a gerar certos benefícios materiais de importância crucial para o nosso lar, mas esses benefícios acarretavam um custo psíquico cada vez maior. Fugindo para a terra do céu aberto, minha mulher esperava ser capaz de restaurar sua natureza independente, que anos de uma vida excessivamente casada comprometera quase a ponto de tornar irreconhecível. Ela alugou um lindo apartamento na North Cascade Avenue e me mandava cartas muito animadas sobre o clima da montanha. Ficou fascinada com as narrativas sobre as mulheres pioneiras — mulheres calejadas, oprimidas, cheias de recursos, que enterravam bebês mortos, ficavam olhando enquanto absurdas geadas em junho liqüidavam suas plantações e os animais que criavam, e ainda sobreviviam para contar a história. Falava em reduzir seu pulso em repouso a menos de trinta.

Enquanto isso, em Nova York, eu não acreditava que estivéssemos mesmo separados. Podia ter ficado impossível para mim continuar com ela, mas o tipo de inteligência da minha mulher ainda me parecia o melhor, seus juízos estéticos e morais ainda me pareciam os únicos que contavam. O cheiro da sua pele e dos seus cabelos era restaurador, insubstituível, o melhor que havia. Deplorar as outras pessoas — sua imperfeição — sempre tinha sido o nosso esporte. Eu não conseguia imaginar nunca mais voltar a sentir seu cheiro.

No verão seguinte, fizemos uma viagem de carro pelo Oeste, acampando nas paradas. Eu invejava francamente a nova vida da minha mulher no Oeste, e também queria mergulhar na natureza, agora que tinha adquirido uma consciência ambiental. Por um mês, nós dois seguimos a neve que recuava pelas Rochosas e pelas Cascades acima, e seguíamos para o sul pelos caminhos mais desabitados que conseguíamos encontrar. Levando em conta que estávamos novamente juntos 24 horas por dia, dividindo uma barraca pequena e isolados de qualquer contato social, nós nos demos excepcionalmente bem.

O que me desgostava e irritava eram todos os outros seres humanos do planeta. O ar fresco, o cheiro dos pinheiros, as torrentes de água glacial, as aquilégias e os tremoceiros, os vislumbres de alces de pernas finas eram sensações maravilhosas, mas não intrinsecamente melhores do que um martíni seco ou um bom bife de carne maturada. Para realmente corresponder às minhas aspirações, o Oeste precisaria também se conformar ao meu desejo de que estivesse despovoado e conservado nas condições originais. Atravessar uma estrada vazia entre montanhas vazias era um modo de me reconectar com as fantasias infantis em que eu era um Aventureiro Especial — de tornar a me sentir como as crianças de Nárnia, como os heróis da Terra Média. Mas em Nárnia não havia caminhões do tamanho de casas carregados de toras derrubadas, por trás de uma tela com lindas cenas. Frodo Bolseiro e seus compatriotas nunca precisaram dividir o terreno em que acampavam com 45 Irmandades do Anel idênticas, envergando parcas impermeáveis do mesmo fabricante. Cada crista que ultrapassávamos na estrada abria novos panoramas de monocultura intensivamente irrigada, de encostas de solo rasgado pela atividade mineradora e estacionamentos repletos de carros de amantes de natureza. Para evitar as multidões, minha mulher e eu percorríamos trajetos mais longos por áreas ainda mais isoladas, forcejando para atravessar as estradinhas de curvas íngremes e fechadas só para chegarmos a empoeiradas estradas usadas pelos madeireiros e cobertas de esterco de cavalo. E de repente — cuidado! — ainda aparecia algum palhaço empoleirado no selim de uma mountain bike. E acima das nossas cabeças passava o vôo 922 com destino a Cincinnati. E lá vinha uma dúzia de escoteiros chacoalhando seus cantis e com mochilas do tamanho de geladeiras presas às costas. Minha mulher tinha suas ambições cardiovasculares para distraí-la, mas eu estava livre para passar o dia inteiro entregue à minha irritação: seriam vozes humanas à nossa frente? Aquilo era um pedaço de papel de alumínio, no meio dos galhos podados? Ou (essa não!) seriam vozes humanas se aproximando *por trás de nós*?

Passei alguns meses no Colorado, mas viver nas montanhas tinha se tornado insuportável para mim. Por que ficar lá nas alturas, só para assistir à ruína dos últimos lugares lindos e intocados do país, detestar ainda mais minha própria espécie e sentir que eu também, em pequena medida, era um dos culpados pela destruição? No outono, mudei-me de volta para a Costa Leste. O meio ambiente do Leste, especificamente o da Filadélfia, tinha a vantagem de já ter sido arruinado. Era um alívio para minha consciência de poluidor poder me deitar, digamos assim, na cama que eu ajudara a fazer. E a cama, aliás, nem era tão ruim. Considerando-se todos os atentados que já tinha absorvido, o verde da terra da Pensilvânia ainda era impressionante.

Já o mesmo não podia ser dito do nosso planeta marital. Ali, chegara o momento de tomar uma atitude decisiva; quanto mais eu demorasse, maior seria o estrago. Nosso suprimento antes aparentemente infinito de anos em que ainda poderíamos ter filhos, por exemplo, se esgotara assustadoramente de uma hora para outra, e postergar a decisão por mais uns poucos anos que fosse teria um efeito permanentemente ruinoso. Ainda assim, qual era a atitude decisiva que eu deveria tomar? Àquela altura, só me parecia haver duas opções: ou bem eu tentava mudar radicalmente — e passava a me dedicar totalmente à felicidade da minha mulher, ocupando menos espaço e me dispondo a ser, em caso de necessidade, pai em tempo integral — ou bem eu me divorciava.

Mudar radicalmente, porém, parecia-me uma idéia tão atraente (e provável) quanto me apresentar como voluntário para a sociedade insípida, feita em casa e pós-consumista que os "ecologistas profundos" pregam como a única esperança a longo prazo para os seres humanos no planeta. Embora eu falasse a mesma língua que eles, carregada de idéias como "reformar" e "curar", e às vezes até acreditasse nela, uma parte egoísta minha havia muito que passara a torcer fervorosamente pelos problemas, entregando-se à espera segura e calma de que a calamidade derradeira viesse afinal nos engolfar. Eu tinha antigos diários contendo transcrições das primeiras brigas que, palavra a palavra, eram idênticas às brigas que continuávamos a ter dez anos mais tarde. Tinha uma cópia a carbono de uma carta que eu escrevera para meu irmão Tom em 1982, depois que anunciara nosso noivado para minha família e Tom me perguntara por que nós dois simplesmente não morávamos juntos para ver no que dava; respondi que, no sistema hegeliano, um fenômeno subjetivo (por exemplo, o amor romântico) só se tornava propriamente "real" quando passava a ocupar um lugar determinado numa estrutura objetiva, e que era portanto importante que o individual e o social viessem a se sintetizar por meio de uma cerimônia de compromisso. Eu tinha fotos do meu casamento em que, antes da dita cerimônia de compromisso, minha mulher exibia uma expressão beatífica e eu podia ser visto de cenho franzido, mordendo os lábios e me segurando firmemente com os braços cruzados.

Desistir do casamento, porém, não era menos impensável. É possível que estivéssemos infelizes por nos encontrarmos presos a uma relação ruim, mas também é possível que estivéssemos infelizes por outros motivos, e que precisássemos ser pacientes e ajudar um ao outro. Para cada uma das dúvidas documentadas no registro fóssil, eu podia achar uma carta antiga ou uma entrada de diário em que falava do nosso casamento com uma certeza feliz, como se estivéssemos juntos desde a formação do sistema solar, como se sempre tivéssemos formado um par e nunca fôssemos deixar de ser um casal. O garoto magrela de smoking nas fotos do nosso casamento, depois da tal cerimônia, parecia inconfundivelmente louco pela noiva.

De maneira que precisávamos estudar mais. O registro fóssil era ambíguo. O consenso científico liberal só cuidava afinal de refletir sobre si mesmo. Talvez, se tentássemos mudar de cidade, pudéssemos ser felizes? Viajamos para conhecer San Francisco, Oakland, Portland, Santa Fe, Seattle, Boulder, Chicago, Utica, Albany, Syracuse e Kingston, no estado de Nova York, encontrando vários defeitos em todas elas. Minha mulher voltou para o Leste e veio morar comigo na Filadélfia, peguei dinheiro emprestado a juros com minha mãe e aluguei uma casa de três andares e cinco quartos em que nenhum de nós dois agüentava mais morar já em meados de 1993. Aluguei então parte de um apartamento em Manhattan do qual depois, por culpa, desisti em favor da minha mulher. Voltei para a Filadélfia e aluguei uma terceira residência, adequada tanto para trabalhar como para dormir, de maneira que minha mulher pudesse ficar com todos os cinco quartos da outra casa à disposição, caso pudesse precisar deles em sua volta de Nova York. Nossa hemorragia financeira do final de 1993 lembrava muito a política energética do país em 2005. Nossa teimosia em nos aferrarmos a sonhos insustentáveis era congruente com — e talvez até idêntica a — nosso impulso de irmos à bancarrota com a maior velocidade possível.

Em torno da época do Natal, o dinheiro acabara completamente. Encerramos os contratos de aluguel e vendemos os móveis. Fiquei com o carro velho, ela com o laptop novo, dormi com outras pessoas. Como era impensável, horrendo e tão ardentemente desejado, nosso pequeno planeta arruinou-se.

Um tema sempre presente nas conversas em torno da mesa da minha família em meados dos anos 70 era o divórcio e o novo casamento do chefe do meu pai na ferrovia, o sr. German. Na geração dos meus pais, na família estendida dos dois, ninguém jamais se divorciara, além de nenhum dos seus amigos, de maneira que os dois reforçavam a determinação férrea um do outro em não conhecer a jovem segunda mulher do sr. German. Compadeciam-se exaustivamente da primeira mulher, a "pobre Glorianna", tão dependente do marido que nunca sequer aprendera a dirigir. Manifestaram alívio e preocupação quando os German abandonaram suas reuniões de bridge das noites de sábado, já que o sr. German jogava mal, mas agora Glorianna tinha ficado sem vida social alguma. Uma noite, meu pai chegou em casa e contou que quase perdera o emprego no almoço daquele dia. No refeitório dos executivos, enquanto o sr. German e seus subordinados discutiam as maneiras de avaliar o caráter de uma pessoa, meu pai se surpreendera dizendo que julgava os homens pela maneira como jogavam suas mãos no bridge. Eu não tinha idade suficiente para entender que na verdade isso não ameaçara seu emprego, ou que condenar o sr. German e manifestar dó por Glorianna eram as maneiras que meus pais encontravam de falar do seu próprio casamento, mas entendi que trocar sua mulher por outra mais jovem era o tipo de coisa desprezível e egoísta que só uma pessoa que exagera cronicamente nos leilões de bridge era capaz de fazer.

Um tópico semelhante de conversa na mesma época era o ódio que meu pai nutria pela Agência de Proteção Ambiental. O organismo recém-criado formulara regras complexas sobre a poluição do solo, os efluentes tóxicos e a erosão das margens dos rios, e algumas dessas regras não pareciam nada razoáveis ao meu pai. Mas o que realmente o deixava furioso eram as novas autoridades da área. Noite após noite ele chegava em casa fumegando com aqueles "burocratas" e "acadêmicos", aqueles "imprestáveis" metidos que nem se davam ao trabalho de esconder o quanto se sentiam moral e intelectualmente superiores às empresas que monitoravam, e que nem sequer achavam que deviam alguma explicação, nem mesmo a cortesia mais elementar, a pessoas como meu pai.

O estranho era ver o quanto os valores dos meus pais lembravam os dos seus inimigos. A inédita legislação ambiental daquela época, abarcando o *Clean Air* e o *Clean Water Acts* [Estatutos do Ar Limpo e da Água Limpa] e o *Endangered Species Act* [Estatuto das Espécies Ameaçadas], obtivera o apoio do presidente Nixon e dos dois grandes partidos no Congresso justamente porque fazia sentido para protestantes antiquados como meus pais, gente que abominava o desperdício, fazia sacrifícios pelo futuro dos filhos, respeitava as obras de Deus e acreditava que cada um devia assumir a responsabilidade por suas respectivas lambanças. Mas o fermento social que deu origem ao primeiro Dia da Terra, em 1970, envolvia uma série de outras energias contrárias à religião tradicional — a incivilidade dos imprestáveis, o egoísmo hedonista do sr. German, o culto do individualismo — que no fim das contas acabaram tomando conta de todo o movimento.

Eu, sem dúvida, na qualidade de indivíduo dos anos 90 totalmente voltado para minha própria realização, vinha tendo problemas com aquela lógica de desprendimento dos meus pais. Privar-me de um prazer disponível *por quê?* Tomar banhos de chuveiro mais curtos e mais frios *por quê?* Continuar a ter angustiadas conversas telefônicas com a mulher de quem eu me separara, tratando da nossa incapacidade de ter tido filhos, *por quê?* Esforçar-me para ler os últimos três romances de Henry James *por quê?* Tomar consciência da floresta equatorial da Amazônia *por quê?* Nova York, à qual eu retornara em 1994, vinha voltando a ser um lugar muito agradável para se viver. As Catskills e Adirondacks, as montanhas mais próximas, estavam mais bem protegidas que as Rochosas e as Cascades. O Central Park, recultivado pelos moradores locais endinheirados, ficava mais verde a cada primavera, e as outras pessoas que eu encontrava caminhando por lá não me enfureciam: ali era uma *cidade*; a *idéia* era haver

203

outras pessoas. Numa noite de maio de 1996, atravessei os gramados recém-restaurados do parque para chegar a uma festa onde vi uma linda e muito jovem moça encabulada de pé num canto, por trás de um abajur de pé que ela quase derrubou duas vezes, e me senti tão liberado que não consegui me lembrar de nenhum motivo para não me apresentar a ela e, no devido tempo, começar a convidá-la para sair.

A religião tradicional estava liquidada. Sem o seu apoio, o culto à vida selvagem do movimento ecologista jamais conseguiria galvanizar as grandes massas. John Muir, que escreveu sua obra em San Francisco numa época em que era possível viajar até o parque de Yosemite sem dificuldades e ainda dispor de todo o vale para o seu refrigério espiritual, fundou uma religião que reivindicava uma ampla extensão de terra inculta para cada fiel. Mesmo em 1880, não havia uma quantidade suficiente de lotes. De fato, pelos oitenta anos seguintes, até Rachel Carson e David Brower acionarem seus alarmes populistas, a preservação da natureza era geralmente vista como uma província das elites. A organização que Muir fundou para defender suas adoradas *Sierras* era um Clube, e não uma Aliança. Henry David Thoreau, que nutria pelos pinheiros sentimentos românticos, se não declaradamente sexuais, chamava de "praga" os trabalhadores que os derrubavam. Para Edward Abbey, que era o raro escritor verde com a coragem de assumir sua misantropia, o apelo do sudeste de Utah era, no fim das contas, o fato de seu deserto ser francamente inóspito ao grande rebanho de americanos incapazes de compreender e respeitar o mundo natural. Bill McKibben, formado em Harvard, depois do seu apocalíptico *The End of Nature* [O Fim da Natureza] — em que contrastava sua profunda reverência pela natureza com o "passatempo" rasteiro que a natureza era para a maioria dos amantes da vida ao ar livre —, publicou outro livro em que tratava da inferioridade da tevê a cabo se comparada aos prazeres eternos da vida no campo. Para Verlyn Klinkenborg, o trivialista profissional cuja tarefa é lembrar aos leitores do *New York Times* que a primavera vem depois do inverno e o verão sucede à primavera, e que sente um amor sincero pelas nevascas e pelo cordão de amarrar fardos de feno, o resto da humanidade é um disforme aglomerado distante, notável pela "venalidade" e a "ignorância".

E assim, depois que a Agência de Proteção Ambiental eliminou as lambanças mais notórias do país, depois que as lontrasmarinhas e os falcões-peregrinos conseguiram resistir à quase extinção e voltaram a se multiplicar, depois que os americanos sentiram o gosto amargo da regulação ao estilo europeu, o movimento ambientalista começou a ficar igual a qualquer outro grupo de interesse escondido nas saias do Partido Democrata. Abarcava endinheirados entusiastas da natureza, misantropos dados a inserir pinos de metal em troncos de árvore para danificar as motosserras dos madeireiros, *nerds* aferrados à defesa de valores fora de moda (economia, provisão), gente dada a invocar valores infungíveis (o bem-estar dos nossos bisnetos), a emitir advertências estridentes sobre riscos invisíveis (o aquecimento global) ou exagerados (a presença do amianto em prédios públicos) e cansativos sermões sobre o consumismo, gente que confia em fatos e políticas numa era dominada pela imagem, uma clientela que se orgulha em voz alta de sua recusa ao compromisso com os outros. Bill Clinton, o primeiro *baby-boomer* a chegar à presidência dos Estados Unidos, sabia distinguir o que não prestava. À diferença de Richard Nixon, que criara a Agência de Proteção Ambiental, e à diferença de Jimmy Carter, que destinara 10 milhões de hectares no Alaska a uma zona de proteção permanente, Clinton precisava bem menos do Sierra Club do que o clube precisava dele. Na costa noroeste do Pacífico, em terras que pertenciam ao povo americano, o Serviço Florestal dos Estados Unidos vinha gastando milhões de dólares de dinheiro público na construção de estradas para as madeireiras multinacionais que vinham abatendo deslumbrantes florestas intocadas e auferindo lucros imensos, preservando um punhado de empregos para os lenhadores que dali a pouco estariam sem trabalho de qualquer maneira, e embarcando boa parte da madeira para a Ásia a fim de processá-la e vendê-la. Ninguém acharia que aquela questão pudesse acarretar alguma perda de prestígio em matéria de relações públicas, mas grupos como o Sierra Club decidiram travar a batalha longe dos olhos do público, nos tribunais federais, onde suas vitórias tendiam a ser de Pirro; e o presidente *baby-boomer*, cuja necessidade de amor não tinha como ser saciada por pinheiros ou corujas, mas podia ser atendida pelas madeireiras, logo acrescentou a devastação das antigas florestas do Noroeste a uma longa lista de retrocessos — um acordo NAFTA sem qualquer mecanismo de controle dos danos ambientais, a metástase do extravasamento periurbano, a redução dos padrões nacionais de eficiência para os veículos em termos de consumo de combustível, o triunfo das poderosas caminhonetes tracionadas, o esgotamento acelerado dos pesqueiros de todo o mundo, a rejeição do protocolo de Kyoto no Senado por um placar de noventa e cinco a zero etc. — na década em que deixei minha mulher e dei início a uma relação com uma mulher de 27 anos e realmente comecei a me divertir.

E então minha mãe morreu, e saí em viagem para observar aves pela primeira vez na vida. Tudo isso no verão de 1999. Eu estava na ilha Hat, um pedaço de terra coberto de cascalho e árvores e subdividido em lotes ocupados por pequenas casas de fim de semana, perto da cidade proletária de Everett, no Estado de Washington. Havia águias, martins-pescadores de vários tipos, gaivotas de Bonaparte e dúzias de andorinhas idênticas que insistiam, por mais vezes que eu pudesse examiná-lo, em mostrar-se idênticas a seis espécies diferentes de andorinhas do guia ilustrado que eu estava usando. Bandos de pintassilgos (*"goldfinch"*, *Carduelis tristis*) explodiam em brilho acima dos penhascos da ilha banhados pelo sol como se fizessem parte de algum cerimonial japonês. Vi meu primeiro pica-pau-dourado-do-norte (*"northern flicker"*, *Caloptes auratus*) e me diverti com sua aparente confusão em decidir que tipo de pássaro ele era. Bem diverso de outros tipos de pica-pau na plumagem, lembrando uma pomba pintada para a guerra, voava em ziguezague vertical, à maneira típica dos pica-paus, com a bunda branca cintilando, de uma identidade errada para a seguinte. Sempre que parava, tinha um modo todo seu de pousar com uma pequena queda. Em sua beleza adernante, ele me lembrava minha ex-namorada, aquela que eu vira da primeira vez engalfinhada com um abajur de pé e de quem ainda gostava muito, só que agora de uma distância segura.

Depois disso eu conhecera uma escritora vegetariana da Califórnia, que se descrevia como "louca por animais", um pouco mais velha do que eu, que não tinha nenhum interesse perceptível em engravidar, casar-se ou ir morar em Nova York. Assim que fiquei caído por ela, dediquei-me a tentar mudar sua personalidade e deixá-la mais parecida com a minha; e embora, um ano mais tarde, esse meu esforço não tivesse produzido qualquer resultado, pelo menos eu não precisava mais me preocupar com a possibilidade de tornar a estragar alguém. A Californiana era sobrevivente de um casamento também horrível. Sua indiferença à idéia de crianças me poupava de olhar para o relógio a cada cinco minutos para ver se estava na hora da minha decisão quanto ao futuro reprodutivo dela. A pessoa que queria filhos era eu. E, sendo homem, eu podia me dar ao luxo de esperar.

No último dia em que passei com minha mãe, na casa do meu irmão em Seattle, ela me fez as mesmas perguntas muitas vezes: eu tinha mesmo certeza de que a Californiana era a mulher com quem eu iria acabar? Eu achava que íamos nos casar? A Californiana já era divorciada de verdade? Ela estava interessada em ter um bebê? E eu? Minha mãe esperava talvez algum vislumbre de como minha vida poderia continuar depois que ela se fosse. Só tinha estado uma vez com a Californiana, num barulhento restaurante de Los Angeles, mas queria achar que nossa história continuaria e que ela participara dela de alguma pequena maneira, ainda que só manifestando sua opinião de que, àquela altura, a Californiana já deveria estar divorciada. Minha mãe adorava fazer parte das coisas, e ter opiniões peremptórias era um modo de não se sentir excluída. Em qualquer momento dado dos últimos vinte anos da sua vida, haveria membros da família em três fusos horários diferentes preocupados com suas opiniões peremptórias ou declarando em voz alta que não se incomodavam com elas ou telefonando-se uns aos outros para pedir conselho sobre a melhor maneira de lidar com tais opiniões.

Quem quer que tenha imaginado que AME SUA MÃE daria um bom adesivo em favor do meio ambiente obviamente não tinha uma mãe como a minha. Já em meados dos anos 90, quando me via atrás de um Volvo ou um Subaru que ostentava essa recomendação ladeada pela foto da Terra que sempre a acompanha, sentia-me obscuramente provocado por ela, como se a mensagem fosse "A Natureza Gostaria de Saber Por Que Faz Mais de Um Mês Que Não Recebe Notícias Suas" ou "Nosso Planeta Está *Muito* Contrariado Com Seu Estilo de Vida" ou "A Terra Não Queria Ficar Reclamando, *Mas...*". A exemplo do mundo natural, minha mãe já não estava no melhor da sua saúde quando eu nasci. Já completara 38 anos, tivera três abortos sucessivos e vinha sofrendo de colite ulcerativa havia pelo menos uma década. Ela não me pôs numa escola maternal porque não queria me largar nem poucas horas por semana. Soluçava de dar medo quando meus irmãos foram para a faculdade. Depois que partiram, tive de atravessar nove anos em que fui o último objeto à mão para as suas atenções, frustrações, ânsias e críticas maternas, o que me fez aliar-me ao meu pai, que sempre ficava constrangido com os excessos emocionais dela. Começou a revirar os olhos cada vez que ela dizia qualquer coisa. Ao longo dos 25 anos seguintes, enquanto ela teve flebite aguda, uma embolia pulmonar, duas cirurgias de prótese no joelho, uma fratura de fêmur, três cirurgias ortopédicas variadas, mal de Raynaud, artrite, colonoscopias semestrais, exames mensais de coagulação, extremo inchaço do rosto devido ao consumo de esteróides, insuficiência cardíaca congestiva e glaucoma, eu muitas vezes senti uma pena terrível dela, tentando dizer as coisas certas e ser um filho cumpridor, mas foi só quando diagnosticaram seu câncer, em 1996, que comecei a fazer o que aqueles adesivos me recomendavam.

Ela morreu em Seattle, numa sexta-feira de manhã. A Californiana, cuja chegada era esperada para aquela noite a fim de passar alguns dias com ela e conhecê-la melhor, acabou passando uma semana sozinha comigo na casa de férias do meu irmão, na ilha Hat. Eu caía no choro a intervalos curtos, o que confundia com um sinal de que estava atravessando meu luto e logo teria superado a dor da perda. Ficava sentado no gramado com um binóculo, observando um tentilhão-pintado ("*spotted towhee*", gên. *Pipilo*) coçando-se com vigor em meio à vegetação rasteira, como alguém que realmente gostasse de trabalhar ao ar livre. Fiquei satisfeito de ver chapins-de-dorso-castanho ("*chestnut-backed chickadee*", *Parus rufescens*) pulando nos galhos das coníferas, já que, segundo meu guia, as coníferas eram seu habitat favorito. Comecei a fazer uma lista das espécies que avistava.

Em torno do meio da semana, porém, eu já tinha encontrado um passatempo mais absorvente: comecei a incomodar a Californiana com conversas insistentes sobre ter filhos e o fato de ela ainda não estar oficialmente divorciada. Ao estilo da minha mãe, um verdadeiro talento raro para irritar as sensibilidades das pessoas com quem estava descontente, compilei e passei em revista cada um dos defeitos e fraquezas que a Californiana jamais me confessara em particular, e demonstrei a ela como a associação daqueles defeitos e fraquezas a impedia de decidir, *já*, se algum dia chegaríamos a nos casar e se ela queria ou não ter filhos. Ao final da semana, sete longos dias depois da morte da minha mãe, eu estava certo de já ter superado o pior do meu luto, de maneira que fiquei irritado e surpreso quando a Californiana não se mostrou disposta a mudar-se para Nova York e tentar engravidar imediatamente. E ainda mais surpreso e irritado um mês mais tarde, quando ela bateu asas para Santa Cruz e recusou-se a voar de volta.

Em minha primeira visita à casinha onde ela morava, nas montanhas de Santa Cruz, passei muito tempo observando os patos-reais (também chamados *adém*, em inglês "*mallard*", *Anas platyrhyncos*) que nadavam no rio San Lorenzo. Fiquei impressionado com o número de vezes que machos e fêmeas se emparelhavam e um ficava tomando conta enquanto o outro fuçava em meio às plantas aquáticas. Eu não tinha a menor intenção de viver sem bifes ou bacon, mas, depois dessa viagem, como um aceno ao vegetarianismo, decidi parar de comer pato. Perguntava aos meus amigos o que eles sabiam a respeito dos patos. Todos concordavam que eram animais magníficos; muitos também comentaram que não davam bons animais de estimação.

Em Nova York, enquanto a Californiana refugiava-se de mim na sua casinha das montanhas, eu fervilhava de opiniões peremptórias. *A única coisa que eu queria* era que ela e eu estivéssemos no mesmo lugar, e não me incomodava de ir para a Califórnia *se ela pelo menos me dissesse claramente* que não queria mais voltar para Nova York. Quanto mais meses se passavam sem que chegássemos mais perto de uma gravidez, mais agressivamente eu argumentava em favor de uma vida a dois, e quanto mais agressivamente eu discutia, mais aguerrida ficava a Californiana, até que senti que não tinha outra escolha além de emitir um ultimato, que resultou numa ruptura, e em seguida um ultimato mais final, que resultou numa ruptura mais final, e em seguida um ultimato final final, que resultou numa ruptura final final, pouco depois da qual eu saí caminhando pela beira do lago do Central Park e vi um pato-real macho e uma fêmea nadando lado a lado, fuçando juntos em meio às plantas aquáticas, e caí em prantos.

Foi só ao cabo de um ano ou pouco mais, depois que a Californiana mudou de idéia e veio encontrar-me em Nova York, que finalmente encarei de frente os fatos médicos e admiti para mim mesmo que nós não íamos simplesmente resolver e ter um bebê de uma hora para outra. E mesmo então eu pensei: nossa vida doméstica está indo bem, mas, se em algum momento me der vontade de experimentar uma vida diferente com outra pessoa, já tenho uma rota de fuga sob medida: "Eu não disse sempre que queria ter filhos?". Foi só depois que completei 44 anos, a idade do meu pai quando nasci, que me perguntei por que, se eu fazia tanta questão de ter filhos, decidira ficar atrás de uma mulher cuja indiferença ao projeto estava claríssima desde o primeiro momento. Seria possível que eu só quisesse filhos com aquela pessoa específica, porque a amava? Estava aparente, de qualquer forma, que meu desejo de ter filhos tinha se tornado intransferível. Eu não era Henrique VIII. Eu não achava que a fertilidade fosse um traço de personalidade irresistível ou uma fundação promissora para uma vida inteira de grande diálogo. Ao contrário, estava sempre conhecendo gente fértil, mas muito chata.

Finalmente, tristemente, em torno da época do Natal, cheguei à conclusão de que minha rota de fuga sob medida tinha desaparecido. Pode ser que eu encontrasse outro caminho em pouco tempo, mas aquele não existia mais. Por algum tempo, na casinha da Californiana, fui capaz de encontrar algum conforto sazonal em estupefacientes quantidades de aquavit, champagne e vodca. Mas aí chegou o Ano-Novo, e me vi diante da questão do que fazer comigo mesmo pelos próximos trinta anos sem descendentes; e na manhã seguinte levantei cedo e saí à procura da piadeira-européia (*"eurasian wigeon"*, *Anas penelope*) que alguém tinha visto no sul do condado de Santa Cruz.

Meu caso com as aves tinha começado inocentemente — um encontro na ilha Hat e mais uma manhã inteira dividindo o binóculo com amigos em Cape Cod. Só fui devidamente apresentado a elas num sábado quente de primavera em que a irmã e o cunhado da Californiana, dois observadores de aves a sério em visita a Nova York para acompanhar a migração da primavera, levaram-me para um passeio pelo Central Park. Começamos no Castelo do Belvedere, e lá mesmo, no terreno coberto de palha logo abaixo da estação meteorológica, vimos um pássaro da forma de um tordo, mas com o peito mais claro e uma plumagem em tons de ferrugem. Uma outra espécie de tordo (*"robin"*, gên. *Turdus*), conhecida como tordo-ruivo, disse o cunhado (*"veery"*, *Catharus fuscescens*).

Eu nunca tinha ouvido falar em tordos-ruivos. As únicas aves em que eu já reparara nas minhas centenas de caminhadas pelo parque eram pombos e patos e, de uma certa distância, por trás de uma bateria de telescópios, os gaviões-de-rabo-vermelho (*"red-tailed hawk"*, *Buteo jamaicenses*) que tinham feito seus ninhos e virado celebridades nova-iorquinas submetidas a uma permanente superexposição. Era estranho ver um tordo-ruivo vindo de fora, nada famoso, saltitando em plena luz do dia, a menos de um metro e meio de uma alameda movimentada, num dia em que metade de Manhattan tinha saído de casa para tomar sol no parque. Tive a sensação de que passara a vida inteira equivocado a respeito de alguma coisa muito importante. Segui meus visitantes pelo Ramble, a área central de vegetação mais fechada do parque, mergulhado numa descrença agradavelmente profunda, como num sonho em que toutinegras (*"yellowthroat"*, *Geothlypis trichas*), rabirruivos (*"redstart"*, *Setophaga ruticilla*), felosasazuis-do-dorso-negro (*"black-throated blue warbler"*, *Dendroica caerulenses*) e felosas-verdes-do-dorso-negro (*"black-throated green warbler"*, *Dendroica virens*) tivessem sido distribuídas como enfeites pelo arvoredo urbano, e uma produção cinematográfica tivesse deixado para trás tangarás (*"tanager"*, *Chlorospingus ophthalmicus*) e escrevedeiras (*"bunting"*, gên. *Emberiza*) como se fossem rolos de fita-crepe, e forneiros (*"ovenbird"*, *Seiurus aurocapillus*) percorressem as encostas erodidas do Ramble como pequenos participantes uniformizados de algum desfile da Quinta Avenida que tivessem se separado da massa: como se essas aves fossem restos coloridos efêmeros, e o parque logo fosse ser varrido, voltando a ficar reconhecível.

O que de fato ocorreu. Em torno de junho, a migração tinha acabado; não havia mais pássaros canoros voando a noite inteira e chegando a Nova York ao alvorecer, deparando-se com áridas extensões de asfalto e janelas e tomando a direção do parque em busca de descanso. Mas aquela tarde de sábado me ensinara a prestar mais atenção. Comecei a incluir alguns minutos a mais no cálculo de tempo toda vez que precisava atravessar o parque por algum motivo. Fora da cidade, das janelas de motéis genéricos, eu olhava para os juncos e os pés de sumagre ao lado dos cruzamentos das estradas e me perguntava por que não tinha levado um binóculo. Um vislumbre de um trecho de mata fechada ou de penhascos à beira-mar já bastava para me transmitir um sentimento de vertigem, como se o mundo fosse cheio de possibilidades. Havia novas aves a ver em toda parte, e pouco a pouco fui descobrindo quais eram as melhores horas (a manhã) e os melhores lugares (perto da água) para procurar. Mesmo então, às vezes me ocorria caminhar pelo parque e não ver nenhuma ave mais incomum que um estorninho-malhado (*"starling"*, *Sturnus vulgaris*), literalmente nenhuma, e eu me sentia abandonado, carente e enganado. (As malditas aves: onde tinham ido parar?) Mas então, na mesma semana, eu via um maçarico-pintado (*"spotted sandpiper"*, *Actitis macularia*, também conhecido no Brasil como *batuirinha, maçarico-bate-bunda, maçariquinho* ou *rapazinho*) perto do tanque das tartarugas, ou um merganso-de-capuz (*"hooded merganser"*, *Mergus cucullatus*) no Reservoir, ou uma garça-verde (*"green heron"*, *Butorides virescens*) em alguma pilha de sujeira perto da ponte em arco, e ficava feliz.

As aves são o que restou dos dinossauros. Aquelas montanhas de carne cujos ossos petrificados eram exibidos no Museu de História Natural tinham se ajustado magnificamente ao longo dos anos, e agora podiam ser vistos na forma de papafigos (*"orioles"*, gên. *Oriolus*) nos sicômoros do outro lado da rua. Como solução para os problemas da existência terrena, os dinossauros foram magníficos, mas os víreos-de-cabeça-azul (*"blue-headed vireo"*, *Vireo cyanocephalum*), as felosas-amarelas (*"yellow warbler"*, *Dendroica petechia*) e as escrevedeiras-de-garganta-branca (*"white-throated sparrow"*, *Zonotrichia albicollis*) — com seu peso-pluma, seus ossos ocos e seu canto — eram ainda mais. As aves eram os dinossauros melhorados. Tinham vida curta e verões compridos. Todos deveríamos ter a sorte de deixar herdeiros como elas.

Quanto mais eu contemplava as aves, mais lamentava não tê-las conhecido antes. Eu achava uma tristeza e um desperdício ter passado tantos meses no Oeste, acampando e caminhando em meio a lagópodes (*"ptarmigan"*, gên. *Lagopus*), solitários (*"solitaire"*, gên. *Myadestes*) e tantas outras aves fantásticas, para só guardar a lembrança de um maçarico-de-bico-longo (*"long-bil-*

led curlew, *Numenius americanus*) que eu tinha visto em Montana. Meu casamento teria sido outro se eu já fosse observador de aves! Como nosso ano na Espanha poderia ter sido mais tolerável se eu tivesse me dedicado às aves aquáticas européias! E como é estranho, pensando melhor, que eu tenha crescido intocado pela influência de Phoebe Snetsinger, a mãe de um dos meus colegas de turma de Webster Groves, que mais tarde se tornaria a observadora de aves mais bem-sucedida do mundo. Depois de ter ouvido o diagnóstico de melanoma maligno com metástase, em 1981, Phoebe Snetsinger decidiu dedicar os meses de vida que lhe restavam à observação de aves levada realmente a sério, e ao longo das duas décadas seguintes, através de várias recorrências e remissões, avistou mais espécies que qualquer ser humano antes ou depois dela; sua lista já estava em quase oito mil e quinhentas quando ela morreu num acidente de automóvel enquanto perseguia aves raras em Madagascar. Ainda nos anos setenta, meu amigo Manley tinha caído sob a influência de Phoebe Snetsinger. Terminou o colegial com uma lista de bem mais de trezentas espécies, e eu tinha mais interesse por ciências do que Manley, mas ainda assim nunca apontara um binóculo para nada além do céu noturno.

Um motivo para isso foi que os melhores observadores de aves do meu colégio também eram dedicados usuários de maconha e ácido. A maioria deles, além disso, eram rapazes. A observação de aves não era necessariamente coisa de caxias (nenhum *nerd* vinha às aulas viajando de droga nenhuma), mas as outras atividades associadas a ela não correspondiam à minha idéia de um programa irresistível. Ou muito romântico. Passar dez horas batendo pernas em florestas e campos, olhando o tempo todo para aves, sem conversar sobre nada além delas, passar um sábado inteiro dessa maneira, parecia-me muito semelhante, como experiência social, a sair para beber até cair no chão.

O que pode ter sido um dos motivos pelos quais, no ano que se seguiu à minha apresentação ao tordo-ruivo, enquanto eu começava a sair para observar aves com uma freqüência cada vez maior e por mais tempo de cada vez, eu experimentasse uma sensação difusa de vergonha pelo que estava fazendo. Ao mesmo tempo em que aprendia a distinguir minhas gaivotas e minhas andorinhas, eu tomava o cuidado, em Nova York, de não andar com meu binóculo pendurado no pescoço, mas levá-lo discretamente numa das mãos, e quando comprei um guia das aves do parque, procurava manter a capa, que tinha a palavra AVES em corpo grande, sempre virada para dentro. Numa viagem a Londres, mencionei de passagem a um amigo de lá, editor que se veste com muita elegância, que tinha visto um peto-verde (*"green woodpecker"*, *Picus viridis*. Também conhecido em Portugal como *cavalinho, petoreal, pica-pau-verde* ou *rinchão*) comendo formigas no Hyde Park, ao que ele fez uma careta horrível e exclamou, "Oh, meu Deus, não me diga que você é mais um *desses!*". Uma amiga americana, editora de uma revista de design, que também se veste muito bem, reagiu de maneira parecida, segurando a cabeça com as mãos quando do eu lhe contei que observava aves. "Não, não, não, não, não, não", disse ela. "Você *não* vai virar um observador de aves."

"Por que não?"

"Porque eles — *eeeeca*. São tão — *eeeeca*."

"Mas se *eu* faço isso", observei, "e não sou assim — "

"Mas o problema é esse!", respondeu ela. "Você vai *ficar* assim. E aí não vamos nos ver mais."

Ela estava falando em parte dos acessórios, como a tira de elástico que os observadores prendem aos seus binóculos para diminuir os efeitos do peso sobre o pescoço. Mas o espectro realmente perturbador que ocorria à minha amiga era a sinceridade sem defesa dos observadores de aves. A nudez da sua procura. Sua avidez notória de avistamentos. O problema era menos agudo nas sombras do Ramble do Central Park (cujos recessos, significativamente, são muito populares de dia para os observadores de aves e, à noite, para a paquera gay); mas em lugares muito públicos de Nova York, como a Bow Bridge, ponte em arco sobre o lago do parque, eu não tinha coragem de levantar meu binóculo por mais de alguns segundos. Era constrangedor demais sentir, ou imaginar, que meus transportes particulares estavam sendo testemunhados por nova-iorquinos mais contidos. E assim, foi na Califórnia que a coisa realmente começou a ficar séria. Minhas furtivas saídas de uma hora se transformaram em surtidas de dias inteiros que eu passava abertamente observando aves, inclusive usando um elástico para diminuir o peso do binóculo no pescoço. Eu ajustava o despertador para horários incríveis da madrugada na casinha da Californiana. Sair com uma garrafa térmica cheia de café num carro de transmissão manual pela estrada quando ainda estava cinzenta e vazia, sair de casa antes de todo mundo, não ver a luz de nenhum farol na Pacific Coast Highway, ser o único carro a estacionar no Parque Estadual Rancho del Oso, já estar lá quando as aves acordavam, ouvir suas vozes nos arvoredos, nos charcos salgados e nas campinas cujos carvalhos esparsos eram cobertos de epífitas, sentir que a beleza coletiva das aves era iminente e encontrável naquele lugar: pura alegria. Em Nova York, quando eu dormia menos que o necessário, meu rosto passava o dia doendo; na Califórnia, depois do meu primeiro vislumbre matinal de um bico-grossudo (*"grosbeak"*, *Coccothraustes coccothraustes*) à procura de comida ou de um pato-negro (*"scoter"*, *Melanita nigra*) a mergulhar, eu me sentia ligado a uma bem calibrada velocidade de gotejamento. Os dias passavam como horas, eu me deslocava ao mesmo ritmo do sol no alto do céu; quase conseguia sentir a terra girando. Cochilava um pouco no carro e acordava para ver duas águias-reais (*"golden eagle"*, *Aquila chrysaetos*) caçando arrogantes numa encosta. Parei num local de alimentação para ver melros tricolores (*"tricolored blackbird"*, *Agelaius tricolor*) e da-cabeça-amarela ("*yellow-headed blackbird*", *Xanthocephalus xanthocephalus*) em meio a milhares de pássaros menos ilustres, e o que acabei vendo, quando a multidão de aves decolou em vôo defensivo, foi um esmerilhão ("*merlin*", *Falco columbarius*) pousado numa caixa-d'água elevada. Caminhei mais de um quilômetro num trecho de mata que prometia e não vi praticamente nada, um tordo-comum ("*thrush*") em retirada, alguns régulos-comuns ("*kinglet*", gên. *Regulus*) e então, exatamente quando me ocorria o quanto observar aves era uma monumental perda de tempo, as matas adquiriram vida com centenas de aves canoras, um pássaro diferente em cada galho, e pelos quinze minutos seguintes cada impressão de movimento alado nas matas era um raro presente a ser desembrulhado — papa-moscas-dos-bosques ("*western woodpewee*", *Contopus sordidulus*), felosa-de-mcgillivray ("*MacGillivray's warbler*", *Oporornis tolmiei*), picanço-pigmeu ("*pygmy nuthatch*", *Sitta pygmaea*), tentilhão-da-califórnia ("*California towhee*", *Pipilo crissalis*) — e depois, tão depressa quanto começou, aquela onda passou, como a inspiração ou o êxtase, e a mata recaiu em silêncio.

Sempre, no passado, eu me sentira um fracasso em matéria de deixar-me satisfazer pela magnificência da natureza. Em nossas caminhadas pelo Oeste, minha mulher e eu às vezes tínhamos chegado a cumes ainda não destruídos por outros excursionistas, mas mesmo nessas ocasiões, mesmo quando a caminhada era perfeita, eu me perguntava, "E agora?". E tirava uma foto. E tirava mais uma foto. Como um sujeito com uma namorada fotogênica de quem não gosta muito. Como se, incapaz de me satisfazer, mais tarde eu pelo menos pudesse impressionar alguma outra pessoa. E quando o acúmulo de novas fotos finalmente começou a parecer totalmente sem sentido, passei a capturar imagens mentais dos panoramas. Apelava para a concordância da minha mulher no sentido de que esse ou aquele panorama era de fato incrível. Imaginava a mim mesmo num filme com aquele panorama ao fundo e várias meninas que eu tinha conhecido quando estudante assistindo ao filme e ficando impressionadas comigo; mas nada funcionava. Os estímulos permaneciam obstinadamente teóricos, como o sexo com Prozac.

Só agora, quando a natureza se transformou no lugar onde viviam as aves, é que eu finalmente entendia que história toda era aquela. O tentilhão-da-califórnia que eu via todo dia de manhã, o mais comum dos passarinhos pardos de porte médio, um modesto habitante do solo, produtor de chamados alegres, mas elementares, trazia-me mais prazer que o pico do Half Dome ao alvorecer ou o litoral do Big Sur. O tentilhão-da-califórnia em geral, toda a espécie, sempre uniforme na plumagem e nos hábitos, era como um amigo cuja energia e cujo otimismo tivessem escapado aos confins de um corpo isolado para animar a beira de estradas e quintais de casas por milhares de quilômetros quadrados. E havia seiscentas e cinqüenta outras espécies que se reproduziam nos Estados Unidos e no Canadá, uma população tão variada, na aparência, no habitat e no comportamento — garças, beija-flores, águias, pardelas (*"shearwater"*, gên. *Puffinus*), narcejas (*"snipe"*, *Gallinago gallinago*) — que, encaradas como um todo, eram como um companheiro com uma personalidade de riqueza inesgotável. Elas me deixavam mais feliz que qualquer outra experiência ao ar livre que eu jamais tivesse tido.

Minha reação a essa felicidade, naturalmente, era me preocupar de talvez estar entregue a uma coisa doente, ruim e errada. Um vício. Toda manhã, quando eu ia de carro para o escritório que tinha alugado em Santa Cruz, precisava combater o impulso de parar e observar as aves "só por uns minutinhos". Avistar uma ave interessante me dava vontade de continuar ao ar livre e avistar outras aves interessantes. Não ver uma ave interessante me deixava triste e contrariado, e a única cura para esse estado era, igualmente, continuar procurando. Se eu conseguisse não parar "por uns minutinhos", e se meu trabalho depois não andasse bem, eu ficaria pensando no sol, que já devia estar alto, e na minha estupidez em ter decidido ficar preso àquela mesa. Finalmente, em torno do meio-dia, eu pegaria meu binóculo, e a essa altura a única maneira de não me sentir culpado por estragar um dia de trabalho era me concentrar inteiramente na procura, apoiar o guia de campo no volante e comparar, pela vigésima vez, as formas dos bicos e as cores da plumagem de um mergulhão-do-pacífico (*"pacific loon"*, *Gavia pacifica*) com os de uma mobelha-pequena (*"redthroated loon"*, *Gavia stellata*). Quando eu me via preso atrás de um carro lento ou fazia uma curva errada, reagia com palavrões, golpes de volante, freadas bruscas e pisada firme no acelerador.

Meu problema me deixava preocupado, mas eu não conseguia parar. Nas viagens de negócios, eu tirava dias inteiros de folga para ir observar aves, no Arizona, em Minnesota e na Flórida, e era então, nessas viagens solitárias, que meu caso com as aves começava a causar a intensificação da própria dor da qual eu tentava me refugiar. Phoebe Snetsinger, em suas memórias intituladas, muito a propósito, *Observando aves no tempo que me resta*, descreveu como muitos dos grandes refúgios de aves que ela visitara nos anos oitenta tinham sido reduzidos ou destruídos no final da década seguinte. Percorrendo novas artérias, vendo vale depois de vale ser devastado, habitat depois de habitat ser desfigurado, fui ficando cada vez mais abalado com a sorte das aves silvestres. As que vivem no solo estavam sendo aniquiladas às dezenas de milhões por gatos domésticos e do mato, as que voam baixo eram atropeladas nas estradas periurbanas em expansão crescente, as que voavam a média altitude chocavam-se com torres de celular e turbinas eólicas, as que voavam em altas altitudes colidiam com arranha-céus feericamente iluminados ou confundiam estacionamentos molhados de chuva com lagos, ou então pousavam em "refúgios" onde homens de botas impermeáveis se alinhavam à espera de abatê-las a tiros. Nas estradas do Arizona, os veículos menos eficientes em matéria de consumo de combustível identificavam-se com bandeiras americanas e com auto-adesivos trazendo mensagens como SE NÃO TEM COMO ALIMENTÁ-LOS, MELHOR NÃO CRIÁ-LOS. O governo Bush alegava que o Congresso jamais pretendeu que o Estatuto das Espécies Ameaçadas interferisse no comércio, se isso pusesse em risco empregos locais — na verdade, as espécies ameaçadas só deviam gozar de proteção federal nas terras para as quais ninguém tivesse qualquer uso comercial concebível. O país como um todo tornara-se tão hostil aos despossuídos que grandes quantidades dos próprios despossuídos votavam contra seus próprios interesses econômicos.

A dificuldade para as aves, num clima político desses, é que elas são profundamente pobres. Para falar com a mais brutal clareza, elas subsistem de insetos. E também de minhocas, sementes, brotos de plantas, botões de flor, roedores, peixinhos, plantas aquáticas, larvas e lixo. Algumas espécies mais afortunadas — que os observadores chamam de "lixeiros" — conseguem defender uma existência em áreas urbanas, mas, para encontrarmos espécies mais interessantes, é melhor ir procurar em áreas mais vazias: tanques de refugo, aterros de lixo, charcos malcheirosos, servidões de passagem das linhas de trem, prédios abandonados, pântanos cobertos de juncos, moitas de espinheiro, tundra, áreas de capoeira, pedras cobertas de limo em lagoas rasas, extensões abertas de vegetação baixa e cerrada, fossos de estrume em fazendas de leite, brejos desertos onde torcemos o tornozelo. As espécies que residem nesses locais e em torno desses guetos aviários são afortunadas. São as aves com gostos mais refinados, as andorinhas-do-mar (*"tern"*, *Sterna hirundo*) e os borrelhos (*"plover"*, gên. *Charadris*) que insistem em morar na beira da praia, as alcas (*murrelet*, gên. *Alca*) e corujas que fazem ninhos em florestas densas, que acabam nas listas de espécies ameaçadas.

Além de insistirem em usar terras valiosas que não lhes pertencem, as aves ainda não têm meio algum de pagar. Em Minnesota, a norte de Duluth, numa manhã enevoada em que a temperatura estava em torno de dez abaixo de zero, avistei um clã de cruza-bicos-de-asa-branca ("*white-winged crossbill*", gên. *Loxia*), uma mancha de vermelhos, dourados e verdes atenuados ocupando todo o ápice de um espruce coberto de neve. Pesavam pouco mais de vinte gramas cada um, passavam todo o inverno expostos ao frio, eram espalhafatosos no colorido da sua plumagem, tinham os cones do espruce como uma iguaria, e, ao mesmo tempo em que invejei aquela sua sociabilidade na neve, preocupei-me com sua segurança no futuro que vem sendo planejado pelos conservadores de Washington, totalmente voltado para a busca do lucro. Nesse futuro, uma pequena porcentagem das pessoas irá obter o grande prêmio — o Lincoln Navigator, a mansão com um átrio de pé-direito duplo e um gramado de vinte mil metros quadrados, a segunda casa em Laguna Beach — e todos os outros precisarão satisfazer-se com os simulacros eletrônicos dos luxos que serão obrigados a desejar. A dificuldade óbvia para os cruza-bicos nesse futuro é que nenhum cruza-bico *quer* um Lincoln Navigator. Nem uma casa com átrio alto, muito menos as amenidades de Laguna Beach. O que os cruza-bicos querem é florestas boreais em que possam abrir os deliciosos cones cheios de sementes com seus bicos de papagaios do Hemisfério Norte. Quando o teor de carbono da nossa atmosfera fizer a temperatura global aumentar mais dois ou três graus, e nossas florestas boreais ainda não derrubadas sucumbirem de vez aos insetos estimulados pelos invernos mais curtos, deixando os cruza-bicos sem um lugar para viver, a sociedade anunciada pelas promessas dos neoconservadores não irá ajudá-los. Seu padrão de vida não será em nada favorecido pelo livre comércio global. Nem mesmo alguma patética loteria estadual poderá lhes valer de nada a essa altura.

Na Flórida, na lagoa de Estero, na praia de Fort Myers, onde, segundo meu guia, eu tinha uma grande possibilidade de me deparar com "centenas" de seixoeiras ("*red knot*", *Calidris canutus*) e borrelhos-de-wilson ("*Wilson's plover*", *Charadrus wilso-*

nia), encontrei no lugar deles uma canção de Jimmy Buffett tocando no sistema de som do Holiday Inn à beira da praia e um bando de gaivotas comuns percorrendo a areia branca atrás do hotel. Estávamos no final da tarde. Enquanto eu examinava o bando, assegurando-me de que consistia quase exclusivamente de gaivotas-de-delaware (*"ring-billed gull"*, *Larus delawarensis*) e guinchos-americanos (*"laughing gull"*, *Larus atricilla*), uma turista se aproximou para tirar suas fotos. Chegava cada vez mais perto das aves, e amebicamente o bando de gaivotas distanciava-se dela; algumas das gaivotas chegavam a saltitar em sua pressa; o grupo inteiro murmurava desconfortável e, finalmente, irrompeu em gritos de alarme enquanto a mulher continuava a avançar, brandindo sua câmera digital. Como, perguntei-me eu, ela podia deixar de perceber que as gaivotas só queriam ser deixadas em paz? Por outro lado, porém, pareciam não se incomodar nem um pouco com o som de Jimmy Buffett. Ali, o animal que mais claramente queria ser deixado em paz era eu. Mais adiante na praia, ainda procurando os bandos prometidos de seixoeiras e borrelhos, cheguei a um trecho de areia enlameada especialmente desprovido de encanto em que encontrei um punhado de aves litorâneas mais comuns, pilritos (*"dunlin"*, *Calidris alpina*), borrelhos-semipalmados (*"semipalmated plover"*, *Charadrius semipalmatus*) e maçaricos-miúdos (*"least sandpiper"*, *Correlimos Menudillo*), com sua plumagem castanho-acinzentada de inverno. Acampados a uma distância segura dos condomínios altos e dos hotéis, vasculhando a praia com uma postura de profunda contrariedade, com as cabeças baixas e os olhos semicerrados, pareciam um pequeno bando de marginais. Como a premonição de um futuro em que não restará a todas as aves nenhuma alternativa a não ser colaborar com a modernidade ou então ir deixar-se morrer calmamente em algum lugar. O que eu sentia por elas ia além do amor. Era uma identificação total. Os bandos bem ajustados de aves colaboradoras do sul da Flórida, tanto os pombos e as gralhas que viviam do lixo quanto os mais imponentes, porém igualmente domesticados pelicanos e cormorões ou biguás, todos agora me pareciam traidores. Era aquele bando heterogêneo de aves modestas da praia que me lembrava mais os seres humanos que eu preferia — os que não se ajustam. Essas aves podiam ser ou não capazes de emoção, mas a sensação que elas evocavam, ali sitiadas, em seu número reduzido, minhas amigas marginalizadas, era igual à maneira como eu me sentia. Tinham me dito que antropomorfizar não era uma boa coisa, mas eu não lembro mais por quê. De qualquer maneira, antropomórfico é ver-se em outras espécies, e não vê-las em você. Estar faminto o tempo todo, louco por sexo, não acreditar no aquecimento global, ser míope, viver sem pensar nos netos, empregar metade da vida em cuidados com a aparência pessoal, estar perpetuamente em guarda, ser compulsivo, preso aos próprios hábitos, ser ávido, não se impressionar com a humanidade, preferir os iguais a si: tudo isso eram maneiras de ser iguais às de uma ave. Mais tarde, quando anoiteceu, na Naples elegante que mais lembrava uma necrópole, na calçada em frente a um hotel cujas portas do elevador eram decoradas com imensas ampliações de fotos de crianças e a lacônica injunção SORRIA, identifiquei duas adolescentes insatisfeitas, duas garotas, ostentando uma plumagem gótica completa, e pensei como seria adequado poder apresentá-las àqueles desajustados castanho-acinzentados da praia.

Poucas semanas depois de ter assistido à palestra de Al Gore na Sociedade de Cultura Ética, voltei para o Texas. Segundo o AviSys 5.0, meu novo software de controle da lista de aves avistadas, o martim-pescador-verde (*"green kingfisher"*, *Chloroceryle americana*) que eu vira na última hora da minha viagem com Manley tinha sido minha trecentésima septuagésima ave americana. Eu estava próximo do compensador marco de quatrocentas espécies, e a maneira mais fácil de chegar a ele sem precisar esperar pela migração da primavera era fazer uma nova viagem para o sul. Eu também estava com saudades do Texas. Para uma pessoa com meu problema, o hábito de observar aves, havia algo de estranhamente reconfortante naquele lugar. A parte inferior do vale do rio Grande abarcava algumas das terras mais feias que eu já tinha visto: uma extensão plana e morta de terrenos usados para a agricultura industrial ou loteados a preço baixo, cortada ao meio pela estrada U.S. 83, uma série de viadutos contruídos às pressas ladeados por estradas locais de três pistas, lanchonetes de hambúrguer, depósitos, cartazes sugerindo REJUVENESCIMENTO VAGINAL e A FÉ AGRADA A DEUS e NÃO JOGUE LIXO ("leve seus restos para um aterro sanitário"), centrinhos horrendos em que só as lojas de tênis a preços reduzidos parecem estar abertas, e centros comerciais horizontais tão intocadamente desertos que é difícil dizer se ainda estão em final de construção ou se já foram inaugurados e faliram. Ainda assim, para as aves, aquele vale é um destino turístico com três estrelas no Guia Michelin. "Vale a Viagem!" O Texas era o lar do presidente Bush e do líder da Maioria no Congresso, Tom DeLay, nenhum dos quais jamais poderá ser confundido com um amigo do meio ambiente; os proprietários rurais texanos são famosos pela hostilidade aos mecanismos federais de controle; ainda assim, o Texas é o estado onde, se você se dispuser a dirigir bastante, poderá computar duzentas e trinta espécies de aves num único dia. Reúne inúmeras sedes da Sociedade Audubon, o maior operador mundial de viagens para observadores de aves, campings especiais e estacionamentos para trailers, além de vinte festivais anuais de avistamento de aves e a Grande Trilha Costeira das Aves do Texas, que serpenteia por mais de três mil quilômetros em torno de complexos petroquímicos, cascos de superpetroleiros e gigantescas plantações de frutas cítricas, de Port Charles a Laredo.

Os texanos não pareciam perder muito sono com a questão das relações entre natureza e civilização. Mesmo os mais ardorosos amantes de aves do Texas referiam-se coletivamente às aves como "os recursos". Os texanos gostavam de usar o oxímoro "gerenciamento da vida silvestre". Sentiam-se confortáveis com a caça, e não viam muita diferença entre ela e a observação de aves, a não ser que esta última é não violenta. Dirigiam-me olhares surpresos e sem expressão quando eu lhes perguntava se não se identificavam com as aves e sentiam alguma ligação com elas, ou se, ao contrário, achavam mesmo que as aves fossem seres muito diferente deles. E me pediam para repetir a pergunta.

Desembarquei no aeroporto de McAllen, no vale do rio Grande. Depois de revisitar os refúgios que tinha percorrido com Manley e acrescentar à minha lista especialidades como o curiango-comum ["*pauraque*", *Nyctidromus albicollis*] (nº 374), a corujinha-de-whitney ["*elf owl*", *Micrathene whitneyi*] (nº 379) e a marreca-caneleira ["*fulvous whistling-duck*", *Dendrocygna bicolor*] (nº 383), segui para o norte de carro para uma área de terras estaduais onde o víreo-de-cabeça-preta ["*blackcap vireo*", *Vireo atricapillus*] (nº 388) e a felosa-da-cara-dourada ["*golden-cheeked warbler*", *Dendroica chrysoparia*] (nº 390), duas espécies ameaçadas, ainda cantavam para facilitar sua localização. Boa parte das minhas melhores sessões de observação, porém, ocorreu em terras particulares. Um amigo de um amigo me fez percorrer parte da sua fazenda de mais de três mil hectares perto de Waco, deixando-me localizar seis novas espécies de maçaricos de terra firme nos charcos que o governo federal lhe dera dinheiro para criar. No King Ranch, cuja extensão de terras é maior que o Estado de Rhode Island e abarca mais de quarenta mil hectares de habitat costeiro crucial para a migração de vários pássaros canoros, paguei cento e dezenove dólares pela oportunidade de ver meu primeiro caboré ("*erruginous pygmy-owl*" *Glaucidium brasilianum*) e meu primeiro tiranete-imberbe ("*northern beardless tyrannu-let*", *Camptostoma imberbe*). A norte de Harlingen, visitei outros amigos de amigos de amigos, um odontopediatra e a mulher, que criaram uma reserva particular com dois mil hectares de algaro-beiras. Tinham cavado um lago, convertido antigos pontos de ca-ça em pontos de fotografia da natureza e plantado imensos can-teiros de flores para atrair aves e borboletas. Contaram-me seus esforços para reeducar alguns dos proprietários de terras vizi-nhas que, como meu pai nos anos setenta, haviam perdido o in-teresse pela ecologia devido aos burocratas do meio ambiente. Ser texano era orgulhar-se da beleza e da diversidade da fauna local, e o casal acreditava que o espírito conservacionista da maio-ria dos fazendeiros texanos só precisava de um pouco de estímulo.

O que era, claro, um axioma do ativismo conservador — se você tirar o governo de cima das pessoas, elas se desincumbem satisfeitas da sua parte — e me parecia tanto fantasioso quanto potencialmente interesseiro. De longe, em Nova York, através do nevoeiro da política contemporânea, eu teria provavelmente iden-tificado o dentista e a mulher, ambos partidários de Bush, como meus inimigos. De perto, no entanto, a definição ficava mais di-fícil. Para começo de conversa, eu vinha gostando de todo texa-no que encontrava. Também me perguntava se, por mais pobre-zinhas que fossem as aves, elas não poderiam preferir tentar a sorte numa América radicalmente privatizada, em que a distri-buição de renda fosse mais desigual ainda, as taxas sobre a pro-priedade do solo fossem abolidas e os fazendeiros texanos, orgu-lhosos da terra, pudessem preservar seus bosques de carvalho e suas vastas extensões de algarobeiras a fim de alugá-las para ca-çadores ricos. Mas não há dúvida de que era agradável observar aves numa fazenda! Longe das famílias em ruidosos piqueniques e dos ônibus de crianças! Longe dos ciclistas, dos motoristas de jipe, dos pedestres com cachorros, dos porcalhões, dos atiradores de lixo, dos bêbados, das massas ignaras, indiferentes às aves! As cercas que os mantinham de fora não afetavam em nada as cotovias e as cambaxirras.

Foi em terras federais, porém, que consegui avistar minha quadringentésima espécie. Na cidadezinha de Rockport, na baía de Aransas, subi a bordo de uma barca especializada no transporte de observadores de aves, a *Skimmer*, comandada por um afável jovem esportista chamado Tommy Moore. Os demais passageiros eram algumas senhoras mais idosas e seus maridos silenciosos. Se estivessem fazendo um piquenique numa área em que eu perseguisse alguma raridade, pode ser que eu antipatizasse com eles, mas também tinham embarcado na *Skimmer* para observar aves. Enquanto singrávamos as águas rasas da baía, cinzentas como cimento, rumo a um ponto onde ficava o ninho de uma dúzia de garças-azuis (*"great blue heron"*, *Ardea herodias*) — uma ave tão comum que eu quase não reparava nelas a essa altura —, as mulheres começaram a lamuriar-se de espanto e prazer: "Oh! Oh! Que aves magníficas! Oh! Olhem só! Oh, meu Deus!".

Paramos perto de um considerável charco salgado. À distância, imersos até os quadris nas plantas aquáticas, havia dois grousamericanos (*"whoopping crane"*, *Grus americana*), com o peito e o longo pescoço brancos, além da cabeça avermelhada, refletindo a luz do sol que então passava pelas lentes do meu binóculo e incidia em minhas retinas, permitindo-me incluir o grou como a ave de número quatrocentos na minha lista de espécies avistadas. Um dos animais estava debruçado, como que intrigado com alguma coisa encontrada no meio das plantas altas; o outro parecia ansioso, passando em revista o horizonte. A atitude dos dois me lembrava as aves com filhotes que eu tinha visto tensas noutros lugares — um casal de gaios (*"bluejay"*, *Cyanocitta cristata*) no Central Park batendo as asas numa raiva fútil e enlouquecida enquanto um guaxinim devorava seus ovos, uma mobelha agitada e alerta demais mergulhada na água até os ombros numa das margens de um lago de Minnesota que inundara com as chuvas, persistindo em incubar seus ovos que jamais chocariam — e o capitão Moore explicou que parecia que o filhote de mais ou menos um ano daqueles grous tinha sofrido algum problema; fazia mais de um dia que estavam parados no mesmo lugar, e o filhote desaparecera.

"Será que morreu?", perguntou uma das mulheres.

"Os pais não estariam mais lá se ele tivesse morrido", explicou Moore. Pegou seu rádio e transmitiu um boletim sobre as aves para o escritório central do Refúgio Nacional de Vida Silvestre de Aransas, que lhe respondeu que o biólogo especializado em grous estava a caminho para investigar.

"Na verdade", disse-nos Moore, guardando o rádio, "ele está bem ali."

A mais ou menos um quilômetro de nós, do outro lado de uma lagoa rasa de água salgada, mantendo a cabeça baixa e movendo-se muito devagar, via-se uma diminuta figura humana. A visão dele ali, na área de um parque federal protegido com tanto zelo, era tão desconcertante quanto por exemplo um microfone que aparecesse claramente na cena de clímax de um filme, ou um contra-regra que entrasse em cena, passando entre Jasão e Medéia. Será que a espécie humana precisa se intrometer em *tudo*? Eu pagara trinta e cinco dólares por minha passagem, e esperava uma ilusão mais perfeita de natureza.

Já o biólogo, avançando milimetricamente na direção dos grous, sozinho com suas calças de borracha, não aparentava sentir o menor constrangimento. Era parte do seu trabalho evitar que o grou-americano se extinguisse. E esse trabalho, num certo sentido, era praticamente em vão. Havia àquela altura menos de trezentos e cinqüenta grou-americanos em habitats naturais em todo o planeta, e embora o número fosse certamente bem melhor que a população de vinte e dois encontrada em 1941, a perspectiva de longo prazo para qualquer espécie com um patrimônio genético tão reduzido era desanimadora. Bastava uma calota derretida da Groenlândia para toda a área da reserva de Aransas tornarse adequada só para o esqui aquático, bastava uma tempestade mais forte para ela se transformar num cemitério. Ainda assim, como nos informou feliz o capitão Moore, os cientistas vinham colhendo ovos dos ninhos de grou no oeste do Canadá e os chocando na Flórida, onde havia agora todo um segundo rebanho manufaturado de mais de trinta espécimes, e, como os grous-americanos não conhecem naturalmente a rota da sua migração (cada nova geração precisa aprender o caminho acompanhando os pais), os cientistas vinham tentando ensinar os grous da Flórida a acompanhar um avião até um segundo ponto de veraneio, em Wisconsin...

Saber que uma coisa não tem jeito e ainda assim dedicar-se animadamente a salvá-la: eis uma característica da minha mãe. Eu finalmente começara a amá-la perto do fim da sua vida, quando ela passou um ano submetida a químio e radioterapia e vivia sozinha. Eu admirava sua coragem. Admirava sua disposição de se recuperar e sua extraordinária resistência à dor. Fiquei orgulhoso quando a irmã dela me disse, "Dois dias depois de uma cirurgia abdominal, sua mãe está com a aparência melhor do que a minha quando me arrumo para ir a um jantar". Eu admirava seu talento e seu modo implacável de jogar bridge, onde ela exibia o mesmo cenho franzido, tivesse tudo sob controle ou soubesse que ia perder. A última década da sua vida, que começou com a demência do meu pai e terminou com o câncer de cólon, foi uma mão péssima que ela carteou como uma campeã. Mesmo perto do fim, porém, eu não conseguia passar mais de três dias de cada vez com ela. Embora ela fosse meu último elo vivo com toda uma rede de relações e tradições do Meio-Oeste de que eu começaria a sentir saudades no momento em que ela se foi, e embora da última vez que a tenha visto na sua casa, em abril de

1999, o câncer tivesse voltado e ela perdesse peso rapidamente, eu ainda tomava o cuidado de chegar a St. Louis numa tarde de sexta-feira e sempre ir embora na noite de segunda. Ela, por seu lado, estava acostumada com minhas partidas e não reclamava muito. Mas ainda sentia por mim o que sempre tinha sentido, e que eu só fui capaz de sentir por ela depois da sua morte. "Detesto quando o horário de verão começa e você está aqui", disse-me ela uma vez enquanto nos dirigíamos para o aeroporto, "porque significa que vou ter uma hora a menos com você."

Enquanto a *Skimmer* avançava pelo canal, pudemos ver de perto outros grous, perto o suficiente para ouvi-los partir com o bico a casca dos siris que constituíam a base da sua dieta de inverno. Vimos um casal executando a dança pulada, graciosa e semi-aérea que os deixa sexualmente excitados. Seguindo o exemplo dos demais passageiros, peguei minha câmera e tirei as fotografias devidas. Mas de repente — talvez por ter chegado ao patamar sem sentido de quatrocentas espécies — eu me senti cansado das aves e da observação de aves. Por enquanto, pelo menos, estava louco para me ver de volta em casa, em Nova York, cercado por criaturas iguais a mim. Cada dia feliz com a Californiana tornava um pouco mais penosas as dimensões das nossas perdas futuras, cada hora boa aguçava minha tristeza perante a velocidade com que nossas vidas estavam passando, a pressa com que a morte se aproximava ao nosso encontro, mas ainda assim eu mal podia esperar para vê-la: pousar minhas malas no chão junto à porta e ir encontrá-la em seu escritório, onde provavelmente estaria às voltas com sua pilha interminável de e-mails, e ouvi-la perguntar, como sempre fazia quando eu chegava em casa, "E aí? O que você viu?".

ESTA OBRA FOI COMPOSTA EM MINION PELO ESTÚDIO O.L.M. E IMPRESSA
EM OFSETE PELA BARTIRA SOBRE PAPEL PÓLEN SOFT DA SUZANO PAPEL E
CELULOSE PARA A EDITORA SCHWARCZ EM JULHO DE 2008